헝가리 외교기밀문서로 본 한국 현대사의 주요 장면들

헝가리 외교기밀문서로 본 한국 현대사의 주요 장면들

초판 1쇄 발행   2017년 4월 15일

저   자 ㅣ 김보국
발행인 ㅣ 윤관백
발행처 ㅣ 도서출판 선인

등록 ㅣ 제5-77호(1998.11.4)
주소 ㅣ 서울시 마포구 마포대로 4다길 4(마포동 324-1) 곳마루 B/D 1층
전화 ㅣ 02)718-6252 / 6257   팩스 ㅣ 02)718-6253
E-mail ㅣ sunin72@chol.com
Homepage ㅣ www.suninbook.com

정가   22,000원
ISBN   979-11-6068-084-3   93300

헝가리 외교기밀문서로 본
한국 현대사의 주요 장면들

김보국 저역(著譯)

도서출판 선인

　많은 헝가리 학자들이 헝가리 국립 문서보관소(Magyar Nemzeti Levéltár, National Archives of Hungary) 소장 자료들을 연구하고 있다. 2010년에 한국으로 귀국한 이후, 그나마 시간이 허락되는 방학 때는 항상 헝가리를 방문하여 계속 자료를 찾고 있는데, 이전에 인사를 나누던 헝가리 학자들은 이제 하나 둘씩 보이지 않는다. 그리고 그 자리를 어느덧 새로운 학자들이 메우고 있는데 올 해도 새로 '등장한' 학자들과 통성명을 하며, 마치 헝가리 문서보관소 자료 연구자들 중에서는 시니어 연구자가 된 듯, 묘한 감정에 빠진 적이 있다. 평생을 바친다고 해도 그 연구의 끝을 허락하지 않을 정도로 엄청난 자료들 속에서 허우적거리며, 공동연구의 필요성을 뼈저리게 느끼지만 아직은 누구도 선뜻 나서지 못하는 이유가 단지 '헝가리어'라는 너무도 낯선 언어의 장벽 때문만은 아닐 것이다. 최근에 일본의 한 젊은 연구자로부터 헝가리 문서보관소 자료에 대한 관심으로 헝가리어를 배우기 시작했다는 연락을 받은 적이 있는 것을 보면 말이다. 2012년, 헝가리 국립 문서보관소 소장 남북한 관련 외교기밀문서의 목록집을 선보인 이후, 국내보다는 해외에서 이 목록집에 더 많은 관심을 가져서 조금 의아했는데 최근에는 나름 그 이유를 알게 된 것 같기도 하다. 헝가리 자료의 경우, 해외에서는 이미 15년 전 쯤에 해제가 되어 그 일부는 연구자들에게 연구 자료로 활용되고 있던 터라 전체 목록집에 대한 흥미가 있을 수 있지만, 한국의 경우 자료가 거의 알려지지 않은 상태이기에 그 내용 및 가치에 대한 관심이라고 할 것조차 없지 않았나하고 나름 생각한다. '언어의 장벽' 외에도, 도대체 그 자료의 가치를 모르는 상태에서는 어느 누구도 선뜻 연구를 시도할 수 없을 것이다.

고백하건데, 헝가리 자료에 대한 조그마한 관심이라도 불러 일으켰으면 하는 바람으로 이 책을 출판을 하게 되었다. 주목할 만한 남북의 현대사 몇 장면과 관련된 헝가리 자료들을 일부 소개함으로써 관련 연구자들은 물론 일반인들도 조금은 친근하게 헝가리의 자료에 대해 관심을 가질 수 있지 않을까 하는 생각에서 이 자료집을 나름 기획해 보았다. 하지만 깊이 있는 내용을 전체적으로 살펴보기 위해서는 전문(全文)을 살펴봐야 할 것이며, 그 맥락 속에서 이 자료들은 진정한 가치를 지닐 것이다. 따라서 이 자료집의 출판은, 환경이 허락된다면 이후 이 자료들의 배경이 되고, 씨줄과 날줄로 얽혀 있는 관련 자료 전체를 해제하고자 한다는 스스로의 다짐 또한 담고 있다.

독자분들께서는 본문의 자료를 접하기 전에 미리 "일러두기", 특히 굵은 글씨체로 강조한 부분을 참조해 주시길 바란다.

국내외 여기저기서 들려오는 '출판시장의 위축'이라는 출판 환경에도 불구하고 선뜻 이 책의 출판을 맡아 주신 도서출판 선인의 윤관백 사장님과 지난한 교정 작업을 함께 해주신 출판사의 직원 여러분께도 감사의 인사를 드린다.

2017년 늦은 봄날에
김보국

일러두기

*** (   ) : 괄호 내의 표현은 번역자가 이해를 돕기 위해 적은 것. 모든 괄호 안의 내용은 집필자가 직접 쓴 것이며, 원문에는 없는 내용임.

*** /   / : 사선부호(/, 슬래쉬(slash))는 특별하게 가독성을 손상시키지 않는 범위 내에서 원문의 것을 그대로 옮겼음. 원문에서 사선부호는 일반적으로 보충·설명 시 사용. 헝가리 외교 문서에서는 보통 괄호 대신 사선부호를 사용.

*** 헝가리의 원(原) 문서는 연도별, 사건별로 정리되어 있지 않고 서로 섞여서 정리가 되지 않은 채로 보관되어 있음. 일단 연도별로 정리하여 출판하는데, 일부는 사건별로 정리하는 것이 일목요연하게 사건의 전개를 확인할 수 있을 것임. 따라서 사안별로 연도보다는 사건 중심으로 내용을 파악할 필요가 있음.

*** 원문에는 쌍점(:)과 쌍반점(;)이 많이 사용되었으나 국문에서는 최대한 본문에 풀어 썼음. 특히 쌍반점의 경우가 그러함.

*** 다소 투박한 국문 번역과 조금 어색한 문단 나눔은 대체로 원문의 표현 및 문단을 그대로 살리자는 취지에서 선택한, 번역자의 부족한 능력의 결과임.

*** 문건, 신문기사, 글 등은 「 」, 출판된 서적, 신문명은 『 』, 연극·영화·그림·오페라 등은 〈 〉 기호로 표기.

*** 인용 표현은 " ", 강조 표현은 ' ' 기호로 표기.

*** 헝가리어로 표기한 부분은 최대한 원문의 내용을 그대로 실었기 때문에, 명백한 오타를 제외하고는 현재의 헝가리어 정서법에 맞지 않는 부분이라도 원문 그대로 옮겼음.

01_ 당포함 격침 관련 자료 해제

1967년 1월 19일 북한의 해안포에 의해 격침된 당포함 관련 헝가리 외교기밀문서이다. 이 자료는 표지를 제외하고 사건에 대한 개관과 해설을 담은 5장의 문서와 헝가리 외무성 본청에서 송부한 1장짜리 훈령, 그리고 화질이 좋지 않은 흑백 복사본 사진 1장으로 구성되어 있다. 남한과 북한의 입장을 부분적으로 인정[1]하기도 하며, 나름 객관적인 시각으로 사건을 정리했는데, 남한은 미국으로부터 군수물자 구입, 선거에서 정치적으로 활용하는 것으로 이 사건을 연계시키고, 북한 역시 이 사건을 내부 단속에 적극 활용했음을 전한다. 길지 않은 내용으로 조리 있게 사건을 설명, 해석하고 있다.

---

[1] 특히 북한이 해상의 경계를 천명하지 않은 부분에 대해 반복하여 지적하고 있다.

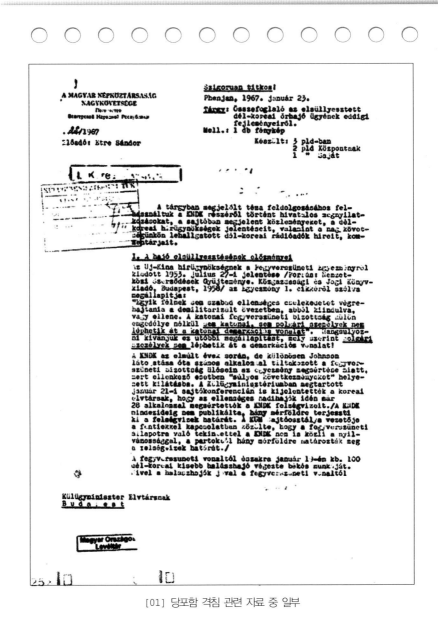

Szigoruan titkos!

Phenjan, 1967. január 23.

Tárgy: Összefoglaló az elsüllyesztett dél-koreai őrhajó ügyének eddigi fejleményeiről.
Mell.: 1 db fénykép

Készült: 5 pld-ban
2 pld Központnak
1 " Saját

A tárgyban megjelölt téma feldolgozásához felhasználtuk a KNDK részéről történt hivatalos megnyilatkozásokat, a sajtóban megjelent közleményeket, a dél-koreai hirügynökségek jelentéseit, valamint a nagykövetségünkön lehallgatott dél-koreai rádióadók hireit, kommentárjait.

1. A hajó elsüllyesztésének előzményei

Az Uj-Kina hirügynökségnek a fegyverszüneti egyezményről kiadott 1953. julius 27-i jelentése /Forrás: Nemzetközi Szerződések Gyüjteménye. Közigazgatási és Jogi Könyvkiadó, Budapest, 1958/ az Egyezmény I. cikkéről szólva megállapitja:
"Egyik félnek sem szabad ellenséges cselekedetet végrehajtania a demilitarizált övezetben, abból kiindulva, vagy ellene. A katonai fegyverszüneti bizottság külön engedélye nélkül sem katonai, sem polgári személyek nem léphetik át a katonai demarkációs vonalat". Hangsulyozni kivánjuk ez utóbbi megállapitást, mely szerint polgári személyek sem léphetik át a demarkációs vonalat!

A KNDK az elmult évek során, de különösen Johnson látogatása óta számos alkalommal tiltakozott a fegyverszüneti bizottság ülésein az egyezmény megsértése miatt, mert ellenkező esetben "sulyos következményeket" helyezett kilátásba. A Külügyminisztériumban megtartott január 21-i sajtókonferencián is kijelentették a koreai elvtársak, hogy az ellenséges hadihajók idén már 28 alkalommal megsértették a KNDK felségvizeit./A KNDK mindezideig nem publikálta, hány mérföldre terjeszti ki a felségvizek határát. A KÜM sajtóosztály vezetője a fentiekkel kapcsolatban közölte, hogy a fegyverszüneti állapotra való tekintettel a KNDK nem is közli a nyilvánossággal, a partoktól hány mérföldre határozták meg a felségvizek határát./

A fegyverszüneti vonaltól északra január 19-én kb. 100 dél-koreai kisebb halászhajó végezte békés munkáját. Mivel a halászhajók jóval a fegyverszüneti vonaltól

Külügyminiszter Elvtársnak
B u d a p e s t

25.10   10

문서번호: 마이크로필름(Microfilm) 롤(Roll) 번호: 53695.
　　　　　프레임(Frame) 번호: 2008 0000 2160 - 2008 0000 2165
발　　신: 주(駐) 북한 헝가리 대사관. 평양, 1967년 1월 23일.
기밀등급: 1급 기밀
보 고 자: 에뜨레 샨도르
첨　　부: 사진 1매

제목: 침몰한 남한 경비정 사건(az elsüllyesztett dél-koreai őrhajó
　　　ügye)에 대한 지금까지의 상황 요약2)

　제목에 표기한 주제에 대한 보고에는 북한 측으로부터 공식적인
성명서, 언론에 게재된 발표를 근거했으며, 남한 통신사의 보도와 대
사관에서 도청한(lehallgatott) 남한 라디오 방송의 뉴스 및 논평에 기
초했음.

I. 선박 침몰의 이전 상황3)

　휴전협정(Fegyverszüneti Egyezmény)에 관하여 신화통신(Új-Kína
hírügynökség)이 출판한 1953년 7월 27일의 보고 /출처:『국제 조약
모음집』, 경제와 법(Közgazdasági és Jogi) 출판사, 부다페스트, 1958/
는 그 협정 제1조에 관하여 다음과 같이 규정하고 있음.

---

2) 2014년 8월 27일, 성균관대학교에서 열린 2014년 '성균관대-소피아대' 국제학술대회 발
　표논문집에 일부 게재된 내용을 수정, 보완한 것이다. 본문에 실린 내용은 전문(全文)
　이다.
3) 이하 본문의 밑줄은 원문의 것을 그대로 옮긴 것이다.

"양측은 누구라도 비무장지대에서(demilitarizált övezetben) 적대적인 행위를(ellenséges cselekedetet) 하여서는 안 된다. 군사정전위원회(katonai fegyverszüneti bizottság)의 특별한 허가 없이(külön engedélye nélkül) 군인이든, 민간인이든 군사 분계선을 넘을 수 없다(sem katonai, sem polgári személyek nem léphetik át a katonai demarkációs vonalat)." 후자에 명시한, 즉 이에 따르면 민간인 역시(polgári személyek sem) 군사 분계선을 넘을 수 없다는 점을 강조하고자 함.

북한은 지난 몇 년 동안, 특히 존슨(Johnson, 미 대통령)의 방문 이후 여러 차례 군사정전위원회 석상에서 휴전협정의 위반(egyezmény megsértése)에 대해 항의를 한(tiltakozott) 바 있는데, 그렇게 하지 않았을 경우 '심각한 결과들을'('súlyos következményeket') 전망해 볼 수 있었기 때문이었음. 외무성에서 진행한 1월 21일의 기자회견에서도 북한 측 관계자들은 적함들이(ellenséges hadihajók) 올해에만도 이미 28차례나 북한의 해상을 침범했다고 밝혔음(idén már 28 alkalommal megsértették a KNDK felségvizeit). /북한은 지금까지도 해상의 경계가 몇 마일에 이르는지 공식적으로 표명하지 않고 있음(A KNDK mindezideig nem publikálta, hány mérföldre terjeszti ki a felségvizek határát). 외무성의 보도국 국장(KÜM Sajtóosztálya vezetője)은 상기 사항과 관련, 휴전 상태임을 감안하여(fegyverszüneti állapotra való tekintettel) 북한은 해안으로부터 해상의 경계가 몇 마일에 이르는지 규정하는 것을 (partoktól hány mérföldre határozták meg a felségvizek határát) 공식화하지 않는다고 전했음./

휴전선으로부터 북쪽에서 1월 19일에 약 100척의 남한 소형 어선들이 평화롭게 작업[4]을 하고 있었음. 어선들은 휴전선으로부터 북쪽으로 꽤나 침입을 했기(halászhajók jóval a fegyverszüneti vonaltól északra hatoltak) 때문에, 세 척의 남한 경비정들이—남한의 주장에 따르면—길을 잃은 어선들을 되돌려 보내고자 인근 항구에서 급히 출항하였음. 그중 한 척이 12시 20분에 동경 128도 26분 3초, 북위 38도 40분 7초 지점에서 북한의 해상을 침범했으며(megsértette a KNDK felségvizeit), 북한중앙통신의 발표에 따르면 북한을 상대로 적대적인, 정찰 활동을 수행하였음(KKTI közleménye szerint ellenséges, felderítő tevékenységet folytatott a KNDK ellen). 이는 휴전선으로부터 북쪽으로 3.9 마일, 북한의 해안으로부터는 3.5킬로미터 지점에 당시 경비정이 있었던 것임. 남한의 국방부장관(dél-koreai hadügyminiszter)과 정전위원회 유엔 측 위원장(Fegyverszüneti Bizottság ENSz tagozatának vezetője)인 치콜렐라(Ciccolella)는 상기 주장에 대해 반박했으며(cáfolta a fenti állítást), 경비정이 북한의 해안으로부터 5.1마일까지 근접하였고, 이는 공해상(nyílt tenger)으로 간주된다고 발언하였음.

북한의 진술에 따르면 남한의 경비정이 해안으로 먼저 발포를 했으며(dél-koreai őrhajó adott le először lövést a partra) 인민군 해안경비대는 응사를 했을(viszonozta) 뿐이라고 함. 외무성 기자회견에서 밝힌 개요에 따르면 남한의 경비정은 북한의 해안에 있던 막사에 약

---

[4] 어획활동.

○ ○ ○ ○ ○ ○ ○ ○ ○ ○ ○ ○

600발가량을 발포했으며 이에 200발로 응사를 하였다고 함. 이에 대한 이후 결과로서 "… 영웅적인 조선 인민군 해안경비대대는—자위권의 행사로서—강력한 응징을 (남한의) 경비정에 가하며, 14시 30분에 이를 침몰시켰다(A hősies Koreai néphadsereg parti őrségének alakulatai - önvédelmi intézkedésként - erőteljes csapást mérve a hajóra, 14 óra 30 perckor elsüllyesztette azt)"라는, 조선중앙통신사(KKTI)에서 제공한 보도가 발표되었음.

II. 사건과 관련한 북한과 세계 언론의 반응

모든 북한 신문이 첫 면에 "미 제국주의자들은 이성을 잃은 망동을 하지 말라(Amerikai imperialisták ne cselekedjetek esztelenül)!", "도발자들에 대한 엄벌(Provokátorok szigorú büntetése)"이라는 굵은 글씨의 제하로(címek alatt) 북한중앙통신의 1월 19일자 성명을 내보냈음. 노동신문은 "도발자들은 응징을 피할 수 없다(A provokátorok nem kerülhetik el büntetésüket)"라는 제목의 사설에서(szerkesztőségi cikkben) 미 제국주의자들과 그들의 용병에 의한 새로운 책동을(amerikai imperialisták és zsoldosaik újabb akcióját) 규탄했음. /1월 20일자 언론동향에서 보고했음./

남한의 라디오들은—정규방송을 중단하면서(megszakítva műsorukat)—이 사건에 대해 소식을 전했는데 "북한 괴뢰정부의 새로운 만행(észak-koreai bábrezsim újabb gaztettének)"으로 이 사건을 규정했음. 이 첫 뉴스 이후 남한에서는 전국적으로 광범위한 반공의 물결이 일었음. 언론과 라디오는 이 사건을 '공산주의자의 침략(kommunista agresszió)' 위험에 대한 '증거(bizonyítás, 입증)'로, 대중들에게는 반(反)북한 분위기의 지속적인 조장에 이용하고 있음. '야당(ellenzéki)'들은 그들의 본질을 반복하여 입증했음. 여당의 상기한 활동에 동조했으며, 이미 시작된 선거 캠페인을 접어 두고, 박정희와 그의 조직의 반공 정책에 동조하기 급급했음(siettek egyetérteni Pak Cson Hi és csoportja antikommunista politikájával). 야당들의 대변인은 라디오에서 이러한 그들의 의견을 드러냈으며, 언론에 성명으로 발표하였음.

X 선박 명: '경비정-56' 남한 군대 소속(dél-koreai hadsereg tulajdona)
이며 미국에서 건조, 비교적(viszonylag) 낡은 선박 기종
선박 데이터: 650톤, 길이 56.23미터, 너비 10.29미터
남한 발표에 따른 승무원(személyzet): 79명

대사관들의 공보관(sajtóbeosztott)과 북한 및 외국의 신문기자들이 참석한 가운데 북한 외무성에서 1월 21일 기자회견이 있었음. / 53번 전문(電文) 참조/.

알려진 바와 같이 서방의 주요 통신사들(nagy nyugati hírügynökségek)은 보고들을 즉시 서울발로 타전했음. 일본의 일간지들은 이 사건에 대해 많은 분량을 다루었음. 지금까지 우리가 알고 있는 바에 따르면 AFP가 가장 사실적인 보고를 서울에서 전했는데, 논평을 일체 싣지 않고(nem fűzött hozzá kommentárt), '북한 괴뢰(észak-koreai bábokról)' 등에 대해서 언급하지 않았음(nem beszélt).

III. 남한의 조치, 정전위원회의 1월 21일자 회의

이 사건에 이어 즉시 남한의 각료회의(minisztertanács), 국방부 중역회의(a hadügyminisztérium kollégiuma), 그리고 국가안보회의(állambiztonsági tanács)가 소집되었음. 1월 20일에 국회 국방 위원회 회의석상에서(parlament hadügyi bizottsága ülésén) 김성은(Kim Szong Ün) 국방부장관(hadügyminiszter)은 관련자들에게 이 사건에 대해 설명하였음. 그는 농림부 장관을 힐난하고는(megvádolta a mezőgazdasági minisztert), 농림부 장관을 이 사건의 '책임자(felelőssé)'로 몰아세웠는데, 지금까지 어선들이 휴전선을 넘어 설 경우 이를 억제할 수 있는 권한이 군대에 없다(mind ez ideig nincs joga a hadseregnek, megakadélyozni a halászhajóknak a fegyverszüneti vonalon túlra való távozását)는 발언을 했음. 이 때문에 농림부 장관을 책임자로 몰아세웠음. 위원회에서는 이 두 장관 사이에서 이 문제와 관련하여 논쟁이 있었고, 이는 두 장관의 사임 '위협(fenyegetőzött)'으로까지 변질되었음. 국방부 장관은 미국과 세 대의 현대식 해안경비정 구입에 관해(három modern partmenti őrhajó beszerzéséről) 협상을 진행하고 있다고 보고하였음.

1월 19일 저녁에는 이미 남한의 해안경비대와 경찰에 경계태세가 발동되었음(készültségbe helyezték). 워싱턴과 서울에서는 긴박한 외교 회담들이 시작되었음. 남한 통신사를 통해 전언한 소식들에 따르면 남한은 미국 앞에서 이 사건을 두고 남한에 주둔하고 있는 미군의 수를(Dél-Koreában állomásozó amerikai csapatok számát) 감축하는 것은 허용할 수 없다는 점과 미국은 남한에게 더욱 신식의 무기를 제공해야 함을, 그리고 '북한의 위험(észak-koreai veszély)' 때문에 계속된 실제적 미국의 경제 지원(hathatós amerikai gazdasági támogatás)이 (남한에게) 필요하다는 것을 확인하는 데 이용하고자 함.

유엔연합한국통일부흥위원회(UNCURK)의 1월 의장인 주한(駐韓) 태국 대사(Thaiföld szöuli nagykövete)는 1월 21일에 정일권 총리(Csong Il Gvon miniszterelnök)를 예방하여 장시간에 걸쳐 이 사건에 대해 의견을 나누었음. 대사는 유엔연합한국통일부흥위원회기 우 탄트(U Thant)(UN 사무총장)에게 "새로운 북한의 만행(újabb észak-koreai gaztettet)"을 폭로하는 서신을 보내겠다는 발언을 하였음. 위원회는 유엔 차기 총회(ENSz következő közgyűlése)에 맞춰 제출해야 하는 연간 보고서(évi beszámoló)에도 이를 명시할 것을 계획하고 있으며, 유엔 총회에서 의제로 채택되기를(ENSz-közgyűlésen való megvitatását) 요구할 것임.

남한과 미국은 이 선박의 침몰을 휴전 협정 체결 이후 자행된 북한의 '도발(provokáció)' 중에서 가장 큰 사건으로 여김(a legnagyobbnak tartják).

이러한 앞선 일련의 사건들 이후, 21일에—북한과 중국의 요청으로—정전위원회가 소집되었음.

서울의 라디오 뉴스해설자(hírmagyarázó)의 평가에 따르면 휴전협정이 체결된 이후 가장 경직된 분위기(a legfeszültebb légkör) 속에서 이 만남이 진행되었음. 5시간 동안 진행된 이 자리에서 유엔 측 의장인 치콜렐라는 가장 강력한 항의의 목소리를 냈으며, 즉시 중립국 감독 국가들의 대표들이 참여한(Semleges Megfigyelő Államok képviselőinek részvételével) 위원회를 꾸려서 이 사건을 현장에서 조사할 수 있도록 요구하였음. 유엔 측의 주장에 따르면 북한은 다음의 항목에 따라 휴전 협정을 위반했다고 함.

1./ 경비정 56호는 평화로운 목적으로(békés célokból) 항해를 했음.
2./ 경비정을 침몰시킨 그 자리는 휴전 협정에서 규정된 (항해) 금지 구역이 아님(nem a fegyverszüneti egyezményben meghatározott tiltott terület).
3./ 경비정 56호는 적대적인 활동을 수행하지 않았음(nem végzett ellenséges tevékenységet).
4./ 어떠한 사전 경고도 없이(Minden előzetes figyelmeztetés nélkül) 북한의 해안경비대(észak-koreai parti őrség)는 경비정에 포격을 가하였음.
5./ 북한 측에서 200포 이상의 격발(több, mint 200 lövés)을 경비정에 가하였음.
6./ 이 행위는 휴전 협정의 위반을 의미하는 군사적 공격으로 간주될 수 있음(fegyveres támadásnak minősíthető).

남한의 소식통들에 따르면 이 자리에서 "...북한은 지금까지 몇 마일까지 그 영해가 확장되는지에 대해 명시하지 않았다(Észak-Korea eddig nem hozta nyilvánosságra, hány mérföldre terjednek ki felségvizei)" 는 것도 중요한 논지였음.

이에(이 정전위원회) 대하여 북한중앙통신이 발표한 코뮤니케(kommüniké)가 박춘국의 항의를 알렸는데, 그 핵심(내용)은 기자회견장에서 밝힌 바와 유사한 내용임.

박춘국은 조사위원회와 관련된 미국의 제안을 거절하고(visszautasította), 미 제국주의자들과 남한의 용병들(amerikai imperialisták és dél-koreai zsoldosai)이 즉시 북한에 대한 도발을 중지할 것을 요구하였음.

요약하여 정리하자면,

1./ 남한의 어선들과 3척의 경비정이 휴전선으로부터 북쪽에 머물렀으며(fegyverszüneti vonaltól északra tartózkodtak), 이는—해안에서 얼마나 멀리 있었던 가에 준하여—분명 휴전 협정의 위반을 의미함(nyilván a fegyverszüneti egyezmény megsértését jelenti).

하지만 남한과 미국은 공해 상에서(nyílt tengeren) 이 사건이 발생했다고 주장하는데, 그럼에도 불구하고 몇몇 남한의 언론들은 처음에 북한의 해역에서 경비정이 침몰했다는 것을 인정했음(mégis néhány dél-koreai hírügynökség a kezdetben elismerte, hogy Észak-Korea vizein süllyedt el az őrhajó).

2./ 이미 그러한 징후들이 나타나듯이, 남한과 미국의 선전은 이

사건을 북한의 '반인륜적(antihumánus)'이고 '호전적인(agresszív)' 행위로 내세우며, (남한에서는) 광범위한 반공 캠페인이 시작되었는데, 그 끝은 반북(反北)을 향해 있음.

3./ 남한과 미국으로부터 더욱 위협적인 '보복들(megtorlások)'이 획책되고 있다는 것은 사실이 아니라고 여기지만, 이 상황의 계속된 첨예화와 긴장의 고조(helyzet további kiéleződésével, a feszültség fokozódásával)는 전망해 볼 수 있음.

4./ 다가오는 남한 선거를 앞에 두고(A közelgő dél-koreai választások előtt) 박정희는 이 사건을 국면 강화에(pozíciói megerősítéséhez) 이용하고 있음. 최근 며칠 이래 남한 전역에서 수만의 군중들이, 어부들, 노동자들 그리고 직장인들이 '북한 괴뢰정부(észak-koreai bábrezsim)'에 반대하여 시위를 하며, 박정희와 그의 정부 정책에 대해 지지를 보내고 있음.

5./ 이 사건은 양 국가지역 사이에서 휴전 상태와 관련된 긴장을 반영하고 있는데, 북한의 동지들은 이를 언급하며 "전 인민의 무장(egész nép felfegyverzése)"과 "국토의 요새화(országnak erődítménnyé való kiépítése, 국가의 요새화 건설)"라는 슬로건 아래에서 그들의 국방을 강화하고 있음.

서명

/대사(nagykövet)/

문서번호: 마이크로필름(Microfilm) 롤(Roll) 번호: 53695.
　　　　　프레임(Frame) 번호: 2008 0000 2166
수　　신: UN 상주대표부(Állandó ENSZ képviselet), 뉴욕(New York).
발　　신: 헝가리 인민공화국 외무성. 부다페스트, 1967년 2월 13일.
기밀등급: 1급 기밀

제목: 침몰한 남한 경비정 사건에 대한 지금까지의 상황 요약

　아국(我國) 평양 대사의 보고서 복사본을 첨부하여 송부함. 만약
조선에서 1월 19일에 발생한 사건과 관련된 문제가 어떤 형태로든
유엔에서 거론된다면(felmerülne), 다른 루트로 전한 훈령에 적합하게
처리할 것을 요망함.

　부다페스트, 1967년 2월 13일.

　　　서명
/뢰린쯔 떠마쉬(Lőrinc Tamás)/
1등 서기관(I. o. tanácsos)
국장(局長, főosztályvezető)

문서번호: 마이크로필름(Microfilm) 롤(Roll) 번호: 53695.
　　　　　 프레임(Frame) 번호: 2008 0000 2167 - 2008 0000 2168
수　　신: 주(駐) 조선민주주의인민공화국 헝가리 대사관, 평양.
발　　신: 헝가리 인민공화국 외무성. 부다페스트, 1967년 3월 17일.
기밀등급: 1급 기밀

제목: 침몰한 남한 경비정 사건에 대한 지금까지의 상황 요약

　1월 19일 사건과 관련한 문제가 유엔에서 아직도 거론될 수 있는
것으로 본다면 /항의서한의 형식으로(panasz-levél formájában) 또는
총회에서 유엔연합한국통일위원회(UNCURK)의 보고로/, 지난 몇 년
간 발생한 남한의 도발(dél-koreai provokációk)과, 국경침범(határsértések)
및 미국 군대의 활동과 관련한 자세한 자료들을 평양(북한) 측으로부
터 요청하길 바람. 이는 유엔에서 우리의 회신으로, 또는 토론에서
이용하고자 하기 때문임. 일반적으로, 공식적인 일반 정치성 유형의
(hivatalos általános politikai jellegű) 북한 성명서들은 제외하고 지금까
지 우리가 거의 소유하지 않은 자료들로서, 남북한 문제와 관련하여
실제 토의에서 우리가 사용할 수 있는 자료들을 요구함. 제21차 총회
에서도 우리는 (이러한 자료의 부족으로) 같은 종류의 어려움을 겪었
음. 이러한 자료들로 쉽게 상황을 개선할 수 있을 것임(ezen könnyen
lehet javítani).

　부다페스트, 1967년 3월 17일

서명

/뢰린쯔 떠마쉬(Lőrinc Tamás)/

1등 서기관(I. o. tanácsos)

국장(局長, főosztályvezető)

<이 문서에 첨부되어 있는 당포함 사진이다>

02_ 이수근 귀순 관련 자료 해제

　　　　　　　　　　이수근 사건과 관련된 헝가리 자료는
북한의 언론반응과 함께 남한 방송을 도청한 내용으로 많은 지면을
채우고 있다. 이러한 보고가 가능했던 이유 중 하나는 이 사건의 '보
고자'인 에뜨레 샨도르(Etre Sándor)[5] 등 당시 주(駐) 북한 헝가리 대사
관의 헝가리 외교관들이 조선어에 능했기 때문이다. 어쨌든 이는 헝가
리의 남한 관련 자료가 북한에서 제공하는 정보만을 근거로 하지는
않았음을 보여주기도 하며, 나름 객관적인 시각을 유지하기 위해서
였음도 짐작할 수 있을 것이다. 하지만 이보다 더 흥미로운 것은 '자
유의 품에 안긴' 이수근이 당시 상당히 남한의 언론에 노출된 상황에
서 직접적인 많은 발언과 언론의 논평이 이어졌는데, 헝가리에서 관
심을 가지는 부분은 이수근의 발언을 통해 악화일로의 '북중관계' 및
'북한 내부의 정치적 숙청'에 관한 정보라는 점이다. 전문(電文)에는
'다른 루트'를 통해 이 사건에 대해 미리 보고 했음을 명시하고 있는
바, 관련 헝가리 자료의 발굴과 전체 자료의 해제가 필요할 것이다.

---

[5] 에뜨레 샨도르는 평양의 헝가리 대사를 역임하기도 했으며, 1989년 2월 1일, 공식적으
로 한국과 헝가리가 양국에 대사관을 설립했을 때, 첫 번째 헝가리 대사로 서울에 부임
하기도 했다.

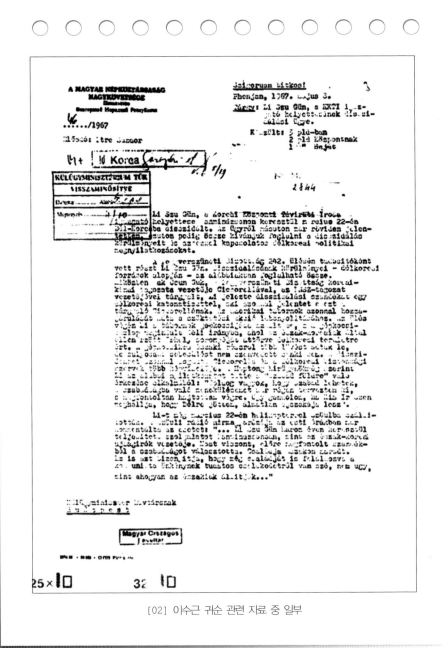

[02] 이수근 귀순 관련 자료 중 일부

문서번호: 마이크로필름(Microfilm) 롤(Roll) 번호: 53695.
　　　　　프레임(Frame) 번호: 2008 0000 1599 - 2008 0000 1602
발　　신: 주(駐) 북한 헝가리 대사관. 평양, 1967년 5월 8일.
기밀등급: 1급 기밀
보 고 자: 에뜨레 산도르

제목: 이수근, 조선중앙통신사 부사장 망명 건

　조선중앙통신사 부사장(Koreai Központi Távirati Iroda igazgató helyettese)인 이수근(Li Szu Gün)[6]이 판문점을 통하여(panmindzsonon keresztül) 3월 22일 남한으로 망명함. 이 사건에 대해서 이미 다른 루트(másuton)를 통해 짧게 보고했으나, 이 보고를 통해서는 망명(disszidálás)의 배경과 이와 관련된 남한의 정치적 성명들에 대해 요약하고자 함.

　이수근은 군사정전위원회(Fegyverszüneti Bizottság) 제242차 회의에 특파원으로 참가함. 망명의 상황들을—남한 출처에 기초해서(délkoreai források alapján)—아래와 같이 요약함.

　박춘국(Pak Csun Guk) 군사정전위원회 북한-중국 측 수석대표(Fegyverszüneti Bizottság koreai-kínai tagozata vezetője)는 유엔 측 수석대표(ENSZ-tagozat vezetője) 치콜렐라(Ciccolella)와 회의를 하던 중,

---

[6] 본 자료에 등장하는 인명 중 북한 인명은 헝가리어로 표기된 발음에 기준하여 기술하며 여러 자료를 통해 본명과 대조 작업을 거쳤지만, 일부는 확인이 불가능한 경우도 있었기에 추가 확인이 필요함을 미리 밝힌다.

이수근이 한 남한 장교에게 망명 의사를 표했는데, 이 남한 장교는 이를 즉시 회의를 진행 중이던 치콜렐라에게 알렸음. 이 미국 장성은 곧장 탈주를 조력하는 행동 계획을 승인하였음. 회의가 끝날 무렵 이수근은 장군의 차에 탑승했고, 차량행렬(gépkocsioszlop)은 남쪽으로 향했으며, 그곳에서 북한 군인들이 감독하던 초소의 정지 차단막(őrhely sorompója)을 부수고 남한의 영역으로 당도함. 북측에서는 차량을 향해 다수의 총격을 가하였으나 아무도 심각한 부상을 당하지는 않았음. 치콜렐라와 남한 보안 단체들의 여러 대표들이(délkoreai biztonsági szervek több képviselője) 이 망명자를 맞았음. 합동 통신에 따르면(Haptong hírügynökség szerint) 이수근은 '자유의 땅(szabad földre)' 도착에 즈음하여 아래와 같은 성명을 발표함. "자유로울 수 있기에 저는 행복하며, 자유를 향한 탈출은 이미 오래 전에 계획했고 심사숙고하며 이를 행했습니다. 만약 김일성이 내가 남한으로 온 것을 듣는다면, 밤잠을 설칠 것입니다(álmatlan éjszakája lesz)."

당일인 3월 22일에 헬리콥터로 이수근을 서울로 이동시킴. 서울의 라디오 해설자는 저녁 시간에 이미 이 사건에 대해 논평을 함. "… 이수근은 북한 신문기자단의 단장으로서 3년간 판문점에서 근무했습니다. 하지만 지금은 미리 심사숙고한 결의로(megfontolt szándékból) 자유를 선택했습니다. 그의 가족은 북한에 머무르고 있습니다. 이는 북한에서 그들이 주장하는 바와는 다르게, 가족까지도 희생하며 공산독재정권에게 자신의 의식적 행동임을 증거하고 있습니다. …"

군사정전위원회 제333차 사무국 회의(titkársági ülés)에서 한주경(Han Dzu Gjon) 대좌(főezredes)가 이수근의 납치(elhurcolás)에 대해 미국 측에 격렬하게 항의했던 사실을 조선중앙통신사(KKTI)는 3월 24일자 성명에서 발표하였고, 이수근의 즉각적인 송환을(azonnali kiadatását) 요구했음. 한주경은 여러 가지 중에서도 납치범들(emberrablók, 인신 매매범들)이 이수근에게 공화국 북반부에 반(反)하는 심각한 중상비 방을 입에 담게 한 것과 이와 더불어 이런 활동은 판문점에서 신문기 자들의 자유로운 활동을(újságírók szabad működését Panmindzsonban) 저해하고, 양 측을 통해 감독해야 하는 지역에서의 안전과 질서를 심 각하게 위협하는 것이라고 비난했음. 유엔 측 비서(ENSz-fél titkára)는 "그들은 망명을 원하는 자에게 단지 교통수단을 보장(Ők csak közlekedési eszközt biztosítottak a disszidálni kívánó számára)"했다고 발표함. 북한 의 언론은 상기 발표 외에 이 사건에 대해 다른 소식은 전하지 않음.

이수근의 망명과 관련하여 남한에서는 고조된 반공 선전 활동 (felfokozott antikommunista propaganda)이 시작되었는데, 이는 북한의 국가 체제전복과 김일성이 이끄는 '괴뢰 정권(bábrezsim)'의 타도로 방향 지어짐. 남한의 라디오 방송들과 통신사의 보고들은 잇달아 이 수근의 성명들을 중계하며, 이후에는 이수근을 환영하고자 마련된 서울의 대집회에 대해 보고를 함. 라디오 서울(Rádió Szöul)의 현장 중계에 기초하여 대집회에서 언급된 진술들을 아래와 같이 요약함.

김현옥(Kim Hjong Op) 서울특별시장(Szöul főpolgármestere)은 개회

사에서 "자신의 삶도 위험에 내몰리게 하며 자유를 선택한(életét is kockáztatva válsaztotta a szabadságot)" 이수근을 환영함. '국무총리(miniszterelnök)' 정일권(Csong Il Gvon)은 대(大) 집회에 즈음한 메시지에서 "... 공산주의 치하에 살고 있는 동포들의 세상에서 어떠한 반공 선전도 자유 세상의 우위를 분명하게 증거한 우리의 친구 이수근의 망명보다 더 가치롭지 못하다"고 지적함. 한국반공연맹 이사장인 이준(Li Jun)[7])은 나열한 여러 가지 중에서 이와 같은 것을 얘기함. "... 현재의 사건 또한 북한 괴뢰정권에 이전에는 충직했던 부사장님께서 김일성의 테러에 대해 확신을 했다(meggyőződött Kim Ir Szen terrorjáról)는 것을 보여 줍니다 ... 김일성은 지금 분명히 저의 연설을 듣고 있을 것입니다. 진실의 말을 들으며 불쾌해 하고 있으리라 생각합니다 ..." 이를 뒤이어 이수근에게 남한에서 가장 높은 훈장, 일백 만 원의 상금, 선물로서 기타 상품들이 수여됨.

끝으로 이수근이 대집회에서 연설을 했는데, 여러 발언 중 아래의 내용을 밝힘.

"무엇보다도 먼저 이렇게 따뜻한, 형제의 환대에 감사드립니다. 이미 오래 전부터 대한민국 국민으로서 자유를 누릴 수 있기를 갈망해 왔습니다. 저는 공산주의자들의 학교에서 공산주의자들의 이념을 배웠습니다. 처음에는 그들의 진실을 믿었습니다만, 삶은 그것이 거짓

---

[7]) 이응준의 오기(誤記)로 추정.

이었다는 것을 확인시켜 주었습니다. 최근에는—남한의 통신사 자료들을 통해서—대한민국의 빠른 경제 성장을 알게 되었습니다. 북한 괴뢰정부는 남한의 경제적 안정과 경제의 현대화를 두려워하고 있다는 것을 잘 알고 있습니다.

공산권 국가들 내부의 위기에 대해서 몇 마디 하고자 합니다. 본론에 앞서(bevezetőben), 처음에 저 또한 사회주의 국가들의 제대로 된 연합의 가능성(szocialista országok egysége helyreállítása lehetőségé)에 대해서 믿고 있었다는 말씀만은 드리고 싶습니다. 하지만 지금은, 가장 최근에 중국과 관련된 일련의 사건들이 저를 절망으로 몰아넣었습니다. 처음에 김일성 일가는 중국의 동맹들과 매우 우호적인 관계였습니다. 그러나 현재는 두 공산주의 국가 사이의 관계가 상상할 수 없을 정도입니다. (...) 두 공산주의 집단 사이에서 관계가 압록강을 사이에 두고 서로 목소리를 높여 상호 비방을 할 정도로, 그렇게나 손상이 되었습니다. 북한 정권은 중국 라디오의 (정치)선전을 듣지 못하도록 지도 간부들의 라디오도 개조하는 지침을 내렸습니다.

북한의 내정 상황은 극도로 긴장되어 있습니다. 개인 우상화에 반대하는 세력들에게는 잔인한 테러가 가해집니다. 김찬만(Kim Csan Man) 당 중앙위원회 부의장(párt központi bizottsága alelnöke)이 테러의 함정에 빠져 사라졌습니다. 리기연(Li Gi Jon) 전 무역상(前 貿易相, volt külkereskedelmi miniszter)은 자살을 하였습니다. 계속해서 그 예들을 들 수 있을 것입니다. 이 모든 것은 저 공산주의 체제가 일반적인 위기 상황에 있다는 것을 보여주는 것입니다. 북한 정권은 지금 선거를 앞두고 있는 대한민국의 질서를 뿌리째 흔드는데 전념하고

○ ○ ○ ○ ○ ○ ○ ○ ○ ○ ○

있습니다. 남측에 간첩들과 파괴분자들을(kémeket és diverzánsokat) 내던지고 있습니다. 끝으로 북한의 우리 동포들이 한 인간으로서 김일성 류의 독재에 대항하여(Kim Ir Szen-féle diktatúra ellen) 싸울 수 있도록, 그들이 공산주의를 이겨낼 수 있도록, 그리고 공동의 힘으로 우리 조국을 우리가 통일시킬 수 있도록 여러분들의 이름으로도 우리 북한의 동포들을 불러볼 수 있게 해 주십시오."

대집회 마지막에 참가자들은 '노예 상태에서 살고 있는 북한의 동포형제들'에게 편지를 전함(intéztek).

위에서 알 수 있는 바, 남한 괴뢰정부는 이수근의 망명을 남한 대중들 앞에서 반공 이념의 선전으로, 그리고 북한에 살고 있는 불만세력, 반동계급 분자들의 확대에 최대한 이용하고 있음. 이 망명 건은 국가의 분단에서 유래되는 특징적인 상황이며, 게다가 망명 당사자의 이전의 높은 직위 때문에 의문의 여지없이 북한으로 봐서는 악재임(kizáróan káros a KNDK-ra nézve). 짐작컨대, 국제연합 한국통일부흥위원회(UNCURK-bizottság)는 이 사건을 '남한의 내부 상황에 대한 북한 대중의 동조를 보여주는 좋은 예(jó példát Dél-Korea belső helyzete iránti észak-koreai néptömegek szimpatizálására)'로써 당해 유엔 보고서에서 이용할 것임.

이것이 제국주의(자들)의 술책(imperialista aknamunka)이며, 이와 관련한 남한의 반공 선전활동은 북한의 선전활동에서 가끔씩 보이는, 우리에게는 조금 낯선 방식과 말투(hangvétel, 목소리 톤, 어조)를 이해하는데 도움을 제공함.

/참조: 이수근은 1966년 12월 5일에 있었던, 헝가리 언론의 날을 맞이하여 개최했던(magyar sajtó napja alkalmából rendezett) 대사관의 칵테일파티에서 가장 높은 직위의 내빈(legmagasabb rangú vendége)이었음./

서명
/대사(nagykövet)/

○ ○ ○ ○ ○ ○ ○ ○ ○ ○ ○ ○

03_ 1968년경에 발생한 일련의 무장공비사건 관련 자료 해제

　　　　　　　　　　1960년대 말, 일련의 무장공비 사건과 관련된 헝가리 외교기밀문서들의 일부이다. 베트남전쟁과 관련된 정세 분석 속에서 당시의 무장공비 사건들을 풀어내고 있으며, 남한에 대한 나름 객관적인 분석도 아우르고 있다. 실질적으로 이 시기에 발생한 사건들과 관련된 자료들은 상당히 방대한데, 그중 특히 푸에블로호 사건(Pueblo incidens)의 경우 독립된 하나의 파일로서, 그 파일 내의 자료만도 약 170장 이상에 이른다. 하지만 본문에서는 하나하나의 사건보다는 개괄적인 북한의 상황을 설명하고 이에 해석을 곁들인 자료로서 다음의 두 문서를 소개하고자 한다.

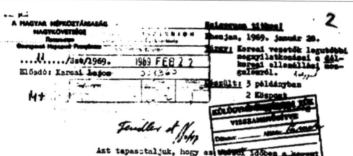

A MAGYAR NÉPKÖZTÁRSASÁG
NAGYKÖVETSÉGE
Пхеньян
Посольство Венгерской Народной Республики

...11...../Szt/1969.   1969 FEB 27

Előadó: Koreai Lajos

H+

Emlékeztem Mihhael
Phenjan, 1969. január 28.

TÁRGY: Koreai vezetők legutóbbi
megnyilatkozásai a dél-
koreai ellenállási moz-
galomról.

Készült: 3 példányban
2 Központ

Fendler s. k.

Azt tapasztaljuk, hogy az utóbbi időben a koreai
vezetők egyre tárgyilagosabban nyilatkoznak a dél-koreai ellen-
állási mozgalomról. A tárgyilagosabb hangnem egyrészt már jól
érzékelhető volt Kim Ir Szen elvtárs 1968. szeptemberi ünnepi
beszédében is. Erről a 96/Szt/1968. számu anyagban jelentet-
tünk. Legutóbb, f. év január 6-án Kim Dze Bong külügyminisz-
terhelyettes J. Horzsenyevszki, csehszlovák ideiglenes ügyvi-
vő előtt az alábbi figyelemre méltó megnyilatkozásokat tette
a tárgyban:

a./ A Koreai Munkapárt ellenez minden olyan törek-
vést uzy országon belül, mint azon kívül, amely azonosítani
próbálná a dél-koreai helyzetet a dél-vietnamival. Bábrezsim
ugyan van itt is ott is, az amerikaiak jelen vannak ugyan
itt is ott is, partizánharcok is folynak ugyan itt is ott is,
de mindegyikben jelentős a különbség. A bábrezsim Dél-Koreá-
ban még erősebb, az amerikaiak szerepe és főkónt tevékenysé-
gének jellege Dél-Koreában pillanatnyilag más, s a dél-koreai
partizánharc méretét és szervezettségét sem lehet azonosítani
a dél-vietnamival.

b./ A partizánharc és általában a hazafias erők har-
cának a feltételei is mások Dél-Koreában, mint Dél-Vietnamban.
Dél-Koreában nincsenek dzsungelek, nehés a fejtőzési körülmény,
másrészt Dél-Koreában még nincs, csupán érlelődik a forradalmi
szituáció. Egyelőre még nincs a DNFF-hez hasonló politikai és
katonai szervezet. Innen a dél-koreai hazafiak, partizánok sa-

Külügyminiszter Elvtársnak!

B u d a p e s t   XIX-J-1j-Korea-1-001360-1969   (601)

[03] "남한의 저항 운동에 대한 북한 지도자들의 최근 성명"이라는 제목의 자료 중 일부

문서번호: 마이크로필름(Microfilm) 롤(Roll) 번호: 53696.
　　　　　프레임(Frame) 번호: 2007 0000 0721 – 2007 0000 0723
발　　신: 주(駐) 북한 헝가리 대사관. 평양, 1969년 1월 28일.
기밀등급: 1급 기밀

제목: 남한의 저항 운동에 대한 북한 지도자들의 최근 성명

　　남한의 저항 운동에 대해서 최근 북한의 지도자들은 점점 더 객관
적으로 성명을 발표하는 것을 볼 수 있음. 한편 더욱 객관적인 톤
(tone, hangnem)은 이미 김일성 동지의 1968년 9월, 축일의 연설에서
도 충분히 감지될 수 있었음. 이에 대해서는 96/Szt/1968번 자료에서
보고한 바 있음. 아주 최근인, 올해 1월 8일에 김재봉(Kim Dze Bong)
외무성 부부장이 J. 호르제녜프스키(J. Horzsenyevszki) 체코슬로바키
아 대리대사 앞에서 본 주제와 관련하여 아래의 주목할 만한 발언들
을 했음.

　　a./ 조선로동당은 국내외적으로 남한의 상황을 남베트남의 상황과
동일시하고자 하는 모든 노력에 대해 반대함. 꼭두각시정권이 남한
과 남베트남에 있고, 미군도 현재 남한과 남베트남에 있으며, 빨치산
투쟁 역시 남한과 베트남에서 진행되고 있지만 양국 사이에는 커다
란 차이가 존재하고 있음. 남한에서의 꼭두각시정권은 (남베트남보
다) 더욱 강력하며, 남한에서 미군의 역할과 그 활동의 특징은 현재
(베트남의 그것과) 다르고, 남한의 빨치산 투쟁 규모와 조직을 남베
트남의 그것과 동일시할 수도 없음.

b./ 남한에서 빨치산 투쟁 및 일반적인 애국 세력의 투쟁 조건들 역시 남베트남의 그것과 다름. 남한에서는 정글이 없고, 잠입 환경 (fejtőzési körülmény)이 어려우며, 다른 한 편으로 남한에서는 아직 혁명 환경이 충분히 성숙되어 있지 않았음. 게다가 현재까지는 DNFF (남베트남민족해방전선)와 유사한 정치적, 군사적 조직이 없음. 이에 남한의 애국인사들과 빨치산들의 특징적 전투에 있어서 그 전술 (sajátos harci taktikája)은 대도시에서가 아니라 주로 농촌지역에서 단순 노무자, 노동자, 농민층에서의 무엇보다도 정치적 계몽 작업과 선동임. 다른 한 편으로는 꼭두각시 정권과 미국 점령자들의 소위 평온함을 뒤엎고, 선의의 애국 세력이 용기를 얻을 수 있도록, 그리고 남한 조직화의 한 층 더 높은 전진을 위해 여러 지역에서 소규모 그룹으로 무장 투쟁을 지속하는 것임.

c./ 조선 혁명의 최종 목적과 조국 통일의 과업은 아직도 여전히 장기적 전망이며(perspektivikus), 남한의 형제들과 애국자들의 점점 더 터져 나오는 저항 투쟁의 정신적 지원(erkölcsi támogatás)에 대해서는 물론 잊지 않으면서도, 공화국 북반부에서는 무엇보다 혁명의 근거지를 강화하고, 사회주의 건설의 보다 더 성과 있는 이행이 필요할 것임. 북한뿐만 아니라 모든 사회주의 국가, 모든 반(反)제국주의 세력으로부터 남한 애국자들의 투쟁에 대한 정신적 지원이 필요함.

d./ 동독(NDK) 대사관의 1등 서기관인 야르크(Jark)의 안내에 따르면, 역시 1월 초, (동독의) 대사가 올해 라이프찌히 국제 무역 전시회

에 동독 정부의 초대를 (북한 측에) 전할 때, 박성철 외무상은 G. 헨케(G. Henke) 동독 대사 앞에서 이와 유사한 내용을 언급했음.

조선로동당 중앙 위원회 1968년 11월 총회에서는 남한에서 빨치산 투쟁의 1968년 가을 활동 경험을 위에 언급한 것에 부합되게 평가하였고, 이에 따라 지금까지 알려진 인물의 변화 /신임 민족보위성(nemzetvédelmi), 사회안전성(közbiztonságügyi)과 수산성(halászati)의 부장(장관)/는 이와도 관계가 있음을 짐작해보는 것이 매우 가능성 있는 추론으로 보여짐.

서명
/대사(nagykövet)/

문서번호: 마이크로필름(Microfilm) 롤(Roll) 번호: 53696.
　　　　　프레임(Frame) 번호: 2007 0000 0724 - 2007 0000 0732
발　　신: 주(駐) 일본 헝가리 대사관. 도쿄, 1980년 5월 2일.
기밀등급: 1급 기밀

제목: 남한 상황의 개요에 대한 부가 자료

　본 보고서에서는 남한의 상황에 대한—지난 반 년간의—짧은 개요를 전하고자 함. 비교적 우리가 가용할 수 있는 신뢰할 만한 자료가 적은 것을 참작하여—잘 알려진 이유들로 인해—이 때문에 주로 남한의 사건들, 조치들에 근거하여 적절한 추론을 이끌어 내고자 함.

　I. 정치적 노선

　박정희와 남한 지도부의, 그렇지 않아도 극단적인 반공 노선은 지난 6개월간 (더욱) 수위가 높아졌음. 이 노선은 남한의 국제적인 활동에서도 나타나지만 무엇보다도 국내정치의 영역에서 두드러짐. 내정의 이러한 원인들을 다음에서 찾을 수 있음. 여당인 공화당 내부의 계파싸움에서 극우 세력의 포지션이 안정화되고, 군부 우익이 정권에 점점 높은 수위의 압력을 행사하는데, 이 압력의 탁월한 대표자는 전 국방부장관—김성은—이며, 작년에 박정희는 어쩔 수 없이 (장관직에서) 그를 낙마시켰으나, 그는 이후 '대통령 안보 담당 특별보좌관(közvetlen katonai tanácsadója)'으로 임명되었던 인물임. /각기 다른 남한의 정보에 근거하여 김성은은 펜타곤(Pentagon, 미 국무성)과 밀접한 관련을 가지고 있었던 것으로 알고 있음./ 항상 적절하지 만은 않았던 남한 빨치산의 활동 시기 선택 또한 (남한의 정치 국면이) 우익으로 옮겨가는 데 기여를 했을 것임. 한편 외교와 관련하여 남한의 지도층은—이에 대해서는 공식적, 그리고 비공식적으로 몇 차례 언급한 바가 있음—북한의 국제적인 권위가 높아지는 것과 제3 세계에서의 약진을 두려워함. 파리 회담(párizsi tárgyalások)이 긍정적으로 진행된다면 이에 대한 결과로 연합군 측으로부터도 소외된다는 것 역시 두려운 요소임. 베트남 문제가 회담을 통해 정리되어진다면, 예를 들자면, 그것은 남베트남의 군사파견을 반대하는 남한의 진보세력이 강화되는 것이며, 홀로 군사적인 방법으로 승리를 요구하는 박정희 정권의 체면을 손상시키는 것이 될 것임. (향후) 형성되는 상황들이 요구하는 바에 따라 국제적인 무대에서는 수시로 방법을 바꾸면서, 전술적으로 더욱 완화되거나 강도 높은 형태로 현실적인 대응을 하는 와중에도, 내정의 공간에서는 남한 지도부의 극단적인 반공주의 노선이 더욱 공개적으로 추구될 것임을 주지해야 할 것임. 외교에서 남한의 국가체제는 북한을 압박하고 '한국'의 포지션을 강화하기 위해 이러한 분열의 아주 다양한 수단들을 이용할 것임.

II. 경제적 상황

남한의 통계 보고에 따르면 남한의 1968년 경제 성장률은 13.1%였으며, 이 중 산업 생산은 1967년과 비교하여 28.5% 증대되었음. 경제적 생산 증가의 올 해 예정치는 10%임. 올해 말로 1인당 국민소득은

1968년과 비교하여 11.9%, 1961년과 비교하면 거의 200%에 가까운 성장이 예상됨. /1인당 국민소득은 1961년에 US$95.1이었으며, 1969년 말: US$187.80./

정부 고위 관료인 박충훈(Pak Csung Hun)의 보고에 따르면 현재 진행 중인 제2차 '경제개발 5개년 계획'은 종료를 2년 앞둔 1969년 말에 농업 분야를 제외 하고 목표를 달성할 예정임. 공식 발표에 따르면 지난 2년간 심각한 가뭄이 농업의 목표치 달성을 더디게 했으며, 이 때문에 쌀 생산이 지난 5년간 계획했던 것에 훨씬 못 미치게 달성되었고, 이렇게 높은 인구증가를 감안해 봐서도 남한은 심각한 농작물 수입에 당면하게 됨. 통계 자료에 따르면 남한의 작년 쌀 생산량은 3백17만 톤이었으며, 올해 목표치는—극히 비현실적으로 보임—4백55만 톤임. 무엇보다도 농업 프로젝트와, 주로 관계설비 확장에 지난 2년간 1억 3천2백만 달러를 들였음. 남한은 세계은행과 아시아은행으로부터 올해 총 1억 4천4백76만 달러의 장기 차관을 받으며, 이 총액을 11개의 대형 산업, 농업 프로젝트 설비에 지출함.

지난 몇 해 동안 남한은 해외 차관과 원조들의 /군사적인 것들이 아닌/ 대부분을 농업, 어업, 그리고 철광산업 개발에, 또한 석유화학산업과 전자 산업분야의 기초 토대에 할애함. 전자산업 발전에 대해 5개년 계획을 수립했으며, 이에 기초한 계획에 따르면 1976년에 남한은 4억 달러어치의 전자 설비와 부품을 수출할 것으로 예상됨.

마찬가지로 공식적인 통계는 남한이 1968년에 5억 달러어치의 제품을 수출했다고 보고하는데, 이는 작년에 수입이 26.9% 증가한 것에 반하여, 1967년과 비교해서 (수출이) 40% 성장한 것을 의미함. 올해 수출 목표는 7억 달러. /하지만 주목해야 할 것은 올해 한국이 미국으로부터 1968년보다 2천1백만 달러가 감소된 무상경제지원을 받을 예정이며, 따라서 이 총액(미국으로부터의 무상경제지원 총액)은 '단지' 1억 3천만 달러를 가리킴. /올해 7억 달러의 수출 중 산업 생산 비율은 48.64%에 달함.

우리가 첨부한 자료에서도 볼 수 있듯이, 공식적인 발표에 따르면 1970년대 초반에 미국은 무상원조 지원을 철폐할 계획이며, 바로 이로써 이 시기에 남한은 '완전한 경제적 자립'을 이루고자 함.

III. 내정 사건들

보고서의 서론에서도 언급했듯이 내정의 영역에서 극단적인 반공주의 노선이 남한(내정)의 특징임. 모든 진보주의에 대해서, 게다가 가끔씩은 아직 진보적이라고도 말할 수 없는 요소들에 대해서도 무자비한 테러가 행해짐. 작년 말에 수감 후 재판을 했던 김종태(Kim Dzong The)와 그 지인들의 사건[8]이나 또는 유럽의 국가들로부터 납치한 지식인들의 재판[9]은 이에 대한 예임. 이 외에도 이 사건들이

---

[8] 소위 '통일혁명당' 사건을 가리킨다.
[9] 소위 '동백림 간첩단' 사건을 가리킨다.

1968년 후반기에 진행된 빨치산 활동의 전개와 진보 세력에 대한 전국적 규모의 구속 (사건) 간에 연관이 있다는 추론을 가능하게 하는 여지가 있음. 당연히 북한 측과 관련하여 지지의 입장에 있던 진보 세력들은 합법적인, 하지만 주로 비합법적인 활동 중 잇달아 일어난 기밀누설(dekonspiráció, 밀고)과 직면할 수 있었는데, 왜냐면 그렇지 않고서는 이 기간 동안 그렇게 많은 체포가 이루어지는 것이 불가능했을 것임. 북한에 다녀온 남한의 어부들 중 상당수가 감옥에 있었던 점을 눈 여겨 볼 만함!

남한 전역에서 다수의 반공 집회와 행사가 개최되었는데, 그 곳에서는 연사들이 공개적으로 반(反)북한 무장 공격 개시의 필요성과, '공산주의의 위험'에 대해, 그리고 '김일성 꼭두각시 정권의 위협'에 대해 연설을 행함. 평양에서 도청한 서울의 라디오 현장 방송으로부터 지독하게 험하고, 파시스트적인 주장으로 점철된 이러한 집회 분위기를 감지할 수 있었음.

지난 6개월 동안에도—유감스럽지만—소수의 노동자, 농민, 그리고 어민 운동에 대한 정보를 듣게 됨. 가끔씩은 임금요구로 이 두 개의 가장 기본이 되는 계급(két legalapvetőbb osztály)[10])에 해당하는 각각의 집단이 (운동을) 선도하지만, 한편으로는 거대한 실업자군들임을 고려해 볼 때, 다른 한편으로는 운동들이 임의적이라는 특징을 고

[10) 노동자와 농어민.

려해 볼 때, 지배층이 이를 억누르는 것은 어렵지 않음.

지식인층의 일정한 행동 외에—이전의 시기와는 다르게—청년들, 특히 대학생들의 수동성이 눈에 띔. 청년들에게 현존하는 질서에 대한 저항의 일정한 표현은 일부가 군대입대를 거부하는 것과 이와 함께 남베트남으로의 출병 또한 거부하는 것인데, 이는 (이 운동은) 잠잠해졌음. 박정희는 청년들을 진정시키고자 그들을 위하여 현실적인 문제들에 대해 자신들의 의견을 '자유롭게' 풀어낼 수 있도록 라디오와 텔레비전을 통한 토론을 보장함과 동시에 대규모로 교육기관들의 '자유'를 제한했고, 중앙정보부 인원들이 각각의 상황에 맞게끔 대학교들에 배치되었음.

우리가 아는 바에 따르면 현재 남한에서 진보세력들의 결집에는 비합법적인 활동 외에도 가장 유리한 형태가 노동조합 내의 활동 확대인데, 그 이유는 체제가 모든 진보적인 단체들과 정당을 해산시켰기 때문임. 만약 진보세력들이 여당 내에서 일치하지 않는 시각들과, 그리고 야당 내부의 가능성들을 더욱 잘 활용한다면 그것 또한 일정한 전진을 의미할 것임. 빨치산 투쟁의 일반적 출현은 현재 아직 그 조건들이 없는 상태임. 만약 노동자들과 농민층에서 더욱 큰 혜택을 지원 받는다면, 각각의 빨치산 활동이 어느 정도 결과를 가져올 수도 있을 것임. 반면 빨치산 활동의 상황에 따른 조직화에 대해 일정한 지원 및 근거지가 남한에 있는데, 1968년 말 남한의 동부에서 발발한 연속된 활동은 그 이전 보다 장기간 진행되었고, 빨치산들의 식량 보

급이 한두 달 동안 보장되었던 사실은 이를 보여 줌.

IV. 남한의 외교적 접근

남한 외교 활동의 중심에는 미국과, 극동아시아, 동남아시아의 '반공주의' 국가들과의 정치적, 경제적, 군사적, 그리고 문화적 협력 증진, 북한의 고립, 그리고 제3 세계 국가들의 지지 획득이 자리하고 있음.

대외적인 성격을 가진 모든 발표에는 무엇보다도 군사적인 면에서, '반공주의 연합전선(antikommunista egységfront)'의 관점에서—남한의 표현을 살리자면—'가장 가까운(legközelebbi)' 친선 국가인 미국과의 관계 강화, 증대가 강조됨. 남한의 외교는 소위 APATO (아시아 태평양조약기구) 창설과, 이와 아울러 오키나와 문제의 해결에 대한 개입[11])에 지난 몇 개월 동안 큰 노력을 기울였고, 지금도 그러함. 베트남 전쟁에 참여한 남한의 자문과 승인 없이 베트남 문제의 해결과 관련된 /파리 회담/ 합의는 도출될 수 없다는 목소리가 남한에서 한두 번 나온 것이 아님.

남한의 국제 활동 확대로 지난 몇 달 간 다수의 새 대사관이 개설

---

[11]) 일본에서 당시 오키나와 미군기지 철거 요청에 대해 한국은 이를 한국으로 유치하고자 노력했던 일. 이후 한국은 제주도에 미군의 공군 및 해군 기지 건설을 제안하게 된다.

되었으며, 외교 단체에서 근무하는 외교관의 수도 늘어났고, 많은 외교 단체에 군사 무관이 배치되었음. 북한 외교단체의 정보활동과 균형을 맞추고자 체제선전(propaganda) 활동을 위한 예산을 늘림.

UN에서 제3 세계 국가들의 지원을 얻어 내거나, 또는 (그 지원을) 확대시키고자 올해에도 이러한 국가들로부터 많은 파견단을—하위직과 고위직 모두에 대해—초청함. 최근 정부 측으로부터 유출된 정보에 따르면, 남한은 할슈타인 원칙(Hallstein-doktrina)의 이론을 포기하지 않고 '두 개의 한국과 관련된 이론(két Koreára vonatkozó elmélet)'을 검토 중이라고 하는데, 이에 대해서는 주의를 기울일 만함. 사회주의 국가들에 대해서는 사회주의 국가들을 북한과 대치시키기 위해 현지에서 개최되는 국제적 성격의 모임에 스포츠와 문화 사절단을 파견하는 지속적 시도들이 이루어질 것으로 예상됨. 공식적인 남한의 성명들에 따르면 다수의 국제적인 단체에 북한의 가입을 저지하고자, 그리고 국제적인 행사에 북한이라는 국명으로 참가하는 것을 무력화시키고자 남한은 계속해서 노력할 것이라고 함.

V. 남한의 반(反) 사회주의 국가군 및 반(反) 헝가리 적대 선전

체코슬로바키아 사건[12] 이후의 시기에 남한의 라디오 방송국들은 국제 공산주의와 로동당, 그리고 사회주의 국가들의 상황 '분석

---

[12] 1968년, 소위 '프라하의 봄'으로 불리게 되는 당시 체코슬로바키아의 민주화 운동을 가리킨다.

(elemzés)'에 매일 그들 방송의 상당한 분량을 할애함. 이러한 방송들의 첫 번째 목적은 현존하는 문제들을 크게 부각시키면서 사회주의 국가들 간의 관점의 불일치를 과장하고, 북한 주민들 층에서 분열을 조장하기 위함임. 다른 (서방 국가들의) 적대적인 노력과 유사하게 남한의 선전 또한 체코슬로바키아 사태를 '마음에 들어(favorizál)'하며, '체코슬로바키아의 예(csehszlovákiai példa)'를 따르도록 하는 등 북한 인민들에게 호소함.

1969년 1월, 서울의 라디오에서 밤 시간에 〈헝가리 만세(Éljen Magyarország)〉라는 제목의 연속물이 방송되었음. 이 프로그램은 반혁명(ellenforradalom)[13] 사건들을 알리고 '헝가리 혁명가들의 영웅성(magyar forradalmárok hősiessége)'과 너지 임레(Nagy Imre)[14]의 '탁월한(kiváló)' 활동을 높이 평가했음. 방송은 북한 인민들에게 헝가리 사태(magyar események)들을 따르도록 호소함.

---

[13] 1956년에 발발한 소위 '헝가리 혁명(1956-os forradalom)'을 의미한다. 헝가리 혁명이 진압된 후 헝가리는 체제전환 시기까지 이 헝가리 혁명을 공식적으로 '반(反) 혁명'이라고 칭했다.

[14] 헝가리 56년 혁명의 상징적 인물이다. 혁명 발발 후 실질적 헝가리 최고권력의 직위인 헝가리공화국의 각료회의 의장(Magyar Népköztársaság minisztertanácsának az elnöke)을 맡았다. 하지만 혁명이 진압된 후 11월 4일 유고슬라비아 대사관으로 일부 지지자와 함께 피신하여 망명을 신청, 받아들여지지 않자 11월 22일 결국 유고슬라비아 대사관을 떠나 소련군들에게 체포된다. 1958년 6월 16일, 교수형에 처해졌으며, 어떤 의미로 헝가리의 체제전환 과정은 헝가리 56년 혁명의 재해석 과정 및 너지 임레의 사후 복권 과정과 궤를 같이한다고도 할 수 있다. 그가 교수형에 처해진지 정확히 30년 후인 1989년 6월 16일, 사후에도 우여곡절을 겪었던 그의 시신은 수십만 명의 군중들의 추모와 환영 속에서 재안장(再安葬) 될 수 있었고, 이 행사는 헝가리 체제전환의 하나의 상징으로 불리기도 한다.

남한 라디오 방송은 자주 체코슬로바키아, 유고슬라비아, 헝가리, 그리고 루마니아의 '자유화(liberalizálódás)'를 북한도 따라야 한다고 주장함.

서명
/대사(nagykövet)/

04_ 박정희 저격 미수 사건 (문세광 사건) 관련 자료 해제

　　　　　　일반행정기밀문서를 제외한 헝가리 외교기밀문서 중 육영수 여사 저격사건과 관련된 자료는 크게 세 개의 문서로 총 18페이지에 이른다. 본문에서는 그중 두 개의 문서, 총 6페이지를 발췌하여, 이를 소개하고자 한다.

15

KÜLÜGYMINISZTÉRIUM

224598/3 szám. Érkezett 1974 OKT 14

IV. Ügyosztály

Az irat — eredete: Phenjan
— száma: 97/1
— kelte:

Előirat:

Utóirat:

Kapcsolatos:

TÁRGY:

Pak Csong Hi elleni merénylet

Utasítás a leírónak:

Utasítás a postázónak:

Másolta:

Egyeztette:

Elküldte:

Kivezette:

Irattárba érkezett 197. . . . 2

Levéltári szám: 81 – 508

Ország:

Zárószámok: 192B/IV

„Sürgős" — „Távirat" — „Futár" — „MT-előterjesztés", stb.

Jóváhagyásra: 1. 2. 3.

Aláírásra: 1. 2. 3.

Intézkedésre:

Véleményezésre: VISSZAMINŐSÍTVE

Tájékoztatásra:

Határidő:

Irattárba:

Magyar Országos Levéltár

288/Kr.

1974. XI. 15.

[04] 박정희 저격 미수 사건 관련 자료의 표지

문서번호: 마이크로필름(Microfilm) 롤(Roll) 번호: 53698.
　　　　　프레임(Frame) 번호: 2007 0000 3124 - 2007 0000 3125
발　　신: 주(駐) 북한 헝가리 대사관. 평양, 1974년 8월 22일.
기밀등급: 1급 기밀

제목: 박정희 대상의 암살과 관련한 북한의 안내

　조선로동당(Koreai Munkapárt) 중앙위원회(KB)의 위임(megbízás)으로 19일 중앙위원회 외무국(külügyi osztály) 부국장(helyettes vezető)인 김길현(Kim Gil Hjon)은 박정희를 대상으로 한, 8월 15일의 암살과 관련하여 그들의 입장에 대해 안내를 했음. 안내에는 10개국의 사회주의 국가 평양 대표부의 대표가 참석했으며, 거기에는 알바니아 대사(大使, albán nagykövet)도 있었음. 소련, 중국과 루마니아 대사는 거기 없었는데, 북한은 그들에게 따로(külön) 안내를 했음.

　남한에서는 박정희를 대상으로 한 암살을 북한과 연관시켰는데 이는 비열한 비방(aljas rágalmazás)이라고 김길현이 강조함. 암살을 저지른 문세광은 김대중 구명(救命)을 위해 만들어진 단체(Kim De Csung megmentésére alakult társaság)의 열렬한 회원(aktív tag)이었음.

　조선로동당의 판단에 따르면 문세광은 김대중 구명을 위하여(Ki De Csung megmentése érdekében) 암살을 자행했음. 부국장은 박정희 암살을 (나치가 공산주의자들을 말살하기 위해 조작했던) 독일의 국회의사당 방화사건(Reichstag felgyújtása)에 비유하며, 마찬가지로

박정희 암살 역시 좌파 세력(baloldali erők), 무엇보다도 반북(反北)(mindenekelőtt a KNDK ellen)에 이용하려(akarják felhasználni) 한다고 함.

북한도, 조총련 /일본에 거주하는 한인들의 진보적 단체(Japánban élő koreaiak haladó szervezete)/도 이 암살과는 전혀 관련이 없음(nincs semmi köze a merénylethez)을 반복해서 분명히 했음. 이를 즉시 우리 당과 정부에 알릴 것을 요청함. 동시에 이 새로운 반(反) 북한 비방이 실패할 수 있도록 우리(헝가리)의 도움을 요청함(segítségünket kérte).

다음 외교 행낭(futár)으로 보고서를 보냄.

문서번호: 마이크로필름(Microfilm) 롤(Roll) 번호: 53698.
　　　　프레임(Frame) 번호: 2007 0000 3138 - 2007 0000 3141
발　　　신: 주(駐) 북한 헝가리 대사관. 평양, 1974년 9월 16일.
기밀등급: 1급 기밀

제목: 박정희를 대상으로 한 암살

　관련 번호(hivatkozott számú)의 보고(jelentés)에서 1974년 8월 15일
에 자행된, 박정희를 대상으로 한 암살과 관련하여 조선노동당(KMP)
중앙위원회(KB) 외무국(külügyi osztály) 부국장(helyettes vezető)이 제
공한 정보를 요약한 바 있음. 9월 12일에 김제석(Kim Dze Szuk) 외무
성 국장(külügyminisztériumi főosztályvezető)은 첫 안내 이후 세상에
드러난 사실들(napvilágra került tények)을 알리고자 암살과 관련된
그들의 입장을 요약했음. 김제석을 통해 발언된 바는 많은 부분에 있
어서 관련 번호의 보고(hivatkozott számú jelentés) 내용과는 다름
(eltérnek).

　김제석은 자신들의 분석과 여러 측의 정보에 기초해서 암살의 배
경에 관해 최종적이라고 볼 수 있는 결론들(véglegesnek tekinthető
következtetések)에 이를 수 있었다고 말함. 암살은 박정희 자신(maga
Pak Csong Hi)이 조직했으며(szervezte), 이 때문에 실제로 암살이 아
니라 암살로 위장한 연극(merényletnek álcázott színjáték)에 관한 것
이라 할 수 있음.

○ ○ ○ ○ ○ ○ ○ ○ ○ ○ ○ ○

어떠한 요소들이 이 사실을 증명하는가?

1./ 암살을 저지른 문세광은 이미 오랜 기간 동안 남한 비밀경찰 (dél-koreai titkosrendőrség)의 요원이었음. 일본에 살고 있는 남한 국적(dél-koreai állampolgár)의 인물임. 문세광의 어머니 또한 일본에 살고 있으며, 그녀도 남한 비밀경찰의 오랜 요원(ő is régi tagja a dél-koreai titkosrendőrségének)이자 남한의 비밀경찰이 그 뒷전에서 지원을 하고 있는(dél-koreai titkosrendőrség a háttérből támogat), 일본에 있는 요정(料亭, nyilvánosház)의 소유자임. 문세광의 남한 여행에 그의 어머니가 자금을 마련해줌.

북한의 기관들(KNDK szervei)은 8월 15일, 암살을 행하기 전 며칠 간(merénylet elkövetése előtti napokban) 남한 비밀경찰들(dél-koreai titkosrendőrök)의 서로 다른 각각의 그룹들(különböző csoportjai)이 문세광 어머니의 소유로 있는 요정에서 머물렀다는 정확한 정보를 가지고 있음(pontos információkkal rendelkeznek).

2./ 문세광이 서울에서 택시를 타고, 그 택시로 광복절 기념식장 주입장문(主入場門, főbejárat)으로 갔으며, 이후 주입장문을 걸어갔다는 그 소문은 실제와 부합하지 않는 것임(nem felel meg). 다중(多重)의 경찰경계선(többszörös rendőrkordon)을 어떻게 걸어서 통과할 수 있었으며, 어떻게 건물 내에 닿았는지에 대한 진술은 아주 중요함. 그들의 확신은 주입장문이 아니라 숨겨진 출입문(egy rejtett bejárat)

으로 남한 비밀경찰이 직접 그를 몰래 들여보냈으며(csempészte be), 저격범을 자리 잡게 했음(helyezte el a merénylőt). 한편 국제적인 통신사들 또한 문세광이 아무런 제지를 받지 않고 주입장문을 걸어서 통과했다는 것, 이후 그곳으로부터 총격이 이루어진 연설대(beszélőpult) 아래(의 가까운 자리)에 숨어 있었다는 것은 불가능한 것으로 여기고 있음.

3./ 문세광의 임무는 암살을 가장하는(megjátssza a merényletet) 것이었음. 바로 이 때문에 박정희에게 그가 무기를 들었을 때, 흥미롭게도 박정희는 상처를 입지 않았음. 무기를 드는 것은 박정희에게 총격이 있을 것이니 (박정희) 그 자신은 안전하게 숨으라는 경고(figyelmeztetés)였음. 모든 것이 또한 그대로 벌어졌음. 문세광은 사람들에게 총을 쏘지 않았고, 단지 벽(fal), 또는 방탄 연설대(átlőhetetlen pult)를 쏜 것으로 밝혀졌음(megállapították). 하지만 문세광의 격발에 대해 전문성 없는(nem avatott, 노련하지 못한) 안전 요원들(biztonsági rendőrök, 보안 경찰들)이 격발로 응사하여 총격전이 벌어졌음. 사실에 기초해서 판단하자면 박정희 부인을 문세광이 저격한 것은 아닌데, 왜냐하면 문세광 쪽에서가 아니라 뒤에서부터(hátulról) 격발이 이루어져, 후두부에 닿았기(tarkóján érte) 때문임.

이 모든 사실들은—국장은 계속 말하길—박정희가 연극(színjáték)을 꾸몄다는 것을 보여줌. 이로써 박정희는 사람들이 그를 불쌍하게 여기고(sajnálják őt), 그에 대해 연민(szimpátia)을 일깨우게 하며, 실제

○ ○ ○ ○ ○ ○ ○ ○ ○ ○ ○ ○

적으로는 대내외적으로 완전한 고립의 상태(gyakorlatilag teljes belső és külső elszigeteltség állapota)에서 빠져 나오기를 원했었음. 침몰하는 배로부터는 단지 기적적인 방법으로만 도주할 수 있음. 전체 인민이 그를 증오하며(gyűlöli), 전 세계가 파시스트 테러 체제(fasiszta terrorrendszere)를 비난함.

박정희는 소위 암살을 조직한 것과 관련하여 이후 좌파(baloldal)와 재일 조선인의 민주적인 조직인 (조)총련(Csongrjon)에 반(反)하는 계속된 조치들을 할 수 있을 것이라는 점도 염두에 두었음. 계속하여 남북관계를 극단으로까지 날을 세우게 하고(végletekig kiélezze) 조국의 통일을 촉진(ország egyesítésének előmozdítása)하고자 하는 모든 회담을 불가능하게 하려는 것 또한 그 목적임.

암살자 문세광이 지금 현재까지 남한 경찰에게 아무런 자백도 하지 않았다(semmit sem vallott)는 그 사실도 김제석은 전했음. 단지 암살은 스스로 그 자신이 계획했으며, 자신이 실행하고자 했고, 후원자는 아무도 없다는 정도만 (문세광은) 진술했음(jelentett ki).

남한에서 암살과 관련된 반일 움직임(japánellenes megmozdulások)의 배경에도 박정희가 있음을 김제석이 강조함. 박정희의 사람들이 서울 및 다른 곳에서 시위(tüntetés)와 행진(felvonulás), 그리고 반일 충돌들을(japánellenes összeütközéseket) 조직함. 박정희의 사람들이 대중들을 재경 일본 대사관 앞으로도 데리고 갔음. 이러한 책동으로

박정희는 사람들의 환심을 사고자 하는데(belopja magát az emberek szívébe), 왜냐면 (북한에서와 마찬가지로) 남한에서도 반일 행동은 매우 인기 있는(elég népszerű) 것이기 때문임.

국장의 판단에 따르면 암살과 관련해서 계속된 전개가 있을 것으로 여겨지지만 머지않아 암살의 배경(merénylet háttere)이 환하게 드러날 것임(teljes fény derül)을 확신한다고 함.

서명
/임시대리공사(Ideigl. ügyvivő)/

05_ 8·18 판문점 도끼 만행 사건 관련 자료 해제

　　　　　　　　이 사건과 직접 관련된 헝가리 외교기밀문서 역시 상당한 분량으로 약 90페이지에 가깝다. 해외 각국의 헝가리 외교 공관을 통해 수집한 정보들도 상당수이기에, 자료로서의 가치도 높다고 할 수 있을 것이다. 하지만 제한된 지면으로 인해 관련 문서 전문(全文)에 대한 해제는 차후의 기회로 잠시 미루고자 한다. 여기에서는 이 사건이 발생한 후 약 한 달 뒤에 작성된, 그리고 내용적으로도 이전의 전문(電文) 중 적지 않은 내용을 포함하고 있는 '전체 보고서' 격의 문서를 소개하고자 한다. 다소 장문의 보고서이며, 따라서 때로는 세밀한 묘사와 분석까지 곁들이고 있고, 여러 루트를 통해 수집한 정보를 활용하여 전체적인 관점에서 사건을 조망하고 있다.

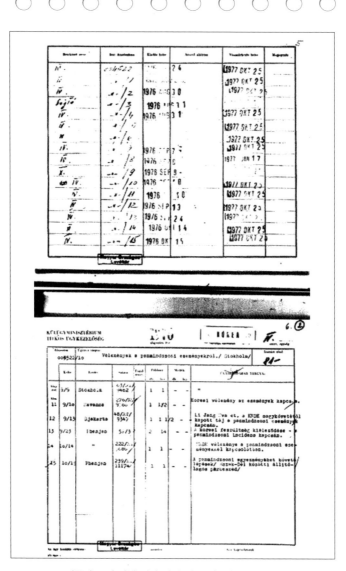

[05] 8·18 판문점 도끼 만행 사건 관련 자료들은 하나의 파일로 묶여 있으며
그 파일 내의 자료들이 나열되어 있다

문서번호: 마이크로필름(Microfilm) 롤(Roll) 번호: 53700.
　　　　　프레임(Frame) 번호: 2007 0000 0463 - 2007 0000 0479[15]
발　　신: 주(駐) 북한 헝가리 대사관. 평양, 1976년 9월 20일.
기밀등급: 1급 기밀

제목: 남북한 긴장의 첨예화 - 판문점 사건(panmindzsoni incidens)

　　현재 남북한의 긴장(koreai feszültség)[16]에 대한 원인은 앞서 이미 오래 전에 우리에게 알려진 바임(한국전쟁 이후의 휴전 상태를 의미). 판문점 사건 이전에 그러한 기본적인 원인들에 있어서 핵심적인 변화(lényegi változás)는 일어나지 않았으며, 현상유지(státus quo) 상태가 약 사반세기 동안(negyedszázada) 진행되고 있음. 하지만 현재는 이전과 같은 상황이 아니며 게다가 1-2년 전을 거슬러 올라가 보면 한반도(koreai félsziget)에서, 그리고 그 주변에서도(körülötte) 또한 중요한 움직임들(jelentős módosulások)이 있었음.

　　북한의 지도자들을 무엇보다도 안절부절못하게 하는(nyugtalanítja) 것은 특히 베트남 민중의 승리(vietnami nép győzelme)를 뒤이은 기간에 더욱 중차대한 군사력(jelentősebb katonai erő)이 북한 주변에 집중되었고(konzentráltak), 새로운 무기들을—그들 중 대량학살(tömegpusztító)

---

15) 주 북한 헝가리 대사관의 장문의 보고에 대해 실제 1장으로 된 헝가리 외무성 본청의 평가가 있으나(마이크로필름 롤 번호: 53700, 프레임 번호: 2007 0000 0464), 이 부분은 생략했음을 미리 밝힌다.
16) 원문은 '북한의 긴장'을 의미하지만 문맥상 소위 '8·18 도끼만행사건' 이후 발생한 남북한의 '긴장'으로 해석할 수 있기에 '남북한의 긴장'으로 번역하였다.

무기들을—남한으로 옮겼으며, 남한의 군대를 더욱 잘 무장시켰다
는 것임(jobban fegyverezték). 박성철(Pak Szong Csol) 외무상은 콜롬보
(Colombó)에서 "천 개 이상의 핵탄두와 핵폭탄을 남한으로 옮겼으
며…, 이 폭발력은 히로시마에 투하된 핵폭탄의 820배(Dél-Koreába
szállítottak több, mint ezer darab atomlövedéket és atombombát… ezek
robbanóereje 820-szorosa a Hirosimára ledobott atombombának)"라고
발언한 바 있음. 이러한 무장은 군사적 힘의 평형상태(erőegyensúly),
현상유지(status quo)의 상태에서 미국과 남한에게 유리한 변화
(módosulások)를 초래한 것이었는데, 이는 미국이 단지 제한적으로
(mérsékelten, 온건하게) 박정희(Pak Csong Hi)를 지원했던 시기, 북한
이 베트남 전쟁 당시 스스로에게 돌릴 수 있었던 군비보다 오늘날
(남한이) 아마도 더 높은 군사력을 보유하고 있음을 의미하는 것임.

북한의 지도자들을 안절부절 하지 못하게 하는 것은 또 있는데 그것
은 통일과업이 더 이상 한 발자국도 전진이 없다(egy tapodtat sem
haladt előre)는 점이며, 이는 국제적으로도, 한반도에서도 그들이 원하
는 바와 반대로 일이 진행된 것임. 오늘날은 이미 거의 50개의 나라가
두 개의 국가를 인정하고, 남한에서는 1972년 가을에 시행된 소위 유
신(reformrendszer)과 야당을 제쳐두는 상황을 통해, 일정 의미에서는
(bizonyos értelemben) 박정희 독재(Pak Csong Hi diktatúra)가 굳건하게
되었음(megszilárdult). 이에 대해서 평양 외무성(külügyminisztérium)의
헝가리 담당자(magyar referens)는 9월 13일에 말하기를, "박정희 체제
(Pak Csong Hi rendszer)는 이전에 약했기에 북한을 상대로 공격을 시

도할 수 없었고, 야권이 박정희를 청산했더라면(ellenzék leszámolt volna Pak Csong Hivel), 이런 일(ilyen vállalkozás)도 끝을 의미했을 것(végéet jelentette volna)이다. 하지만 지금은 상황이 달라서 박정희는 (우리를) 공격하고자 하며(támadni akar), 자신이 더 강하다고 생각하고(erősnek érzi magát), 새로운, 현대화된 무기들을 많이 제공 받았으며, 야권은 감옥에 갇혀 있다(ellenzék börtönben ül)". 1972년 여름에 시작된 남북 대화(észak-déli diálógus)[17]를 박정희는 자신의 상황을 견고히 하는데(megszilárdítására) 이용한 것이 분명하며, 이것이 이루어지자 그 때에는 두 개의 코리아라는 원칙(két Korea elv)을 선언했음 /1973년 6월 23일/. 남한체제는 이후로 국가의 통일에 대해 대화를 지속하기로 한 애초의 합의(eredeti megállapodás)를 듣는 것조차 원하지 않았음(hallani sem akart). 남북 관계의 형성은 하지만 이로 인해 닫혀지지는 않았음. 상황의 이러한 전개 이후 북한은 통일에 대해서 회담을 할 의향(hajlandó tárgyalni)만을 가진 채, 남북조절위원회(koordinációs bizottság)의 업무를 접었고, 이로써 양측 사이의 선전선동 전쟁(propagandaháború)은 새로이 시작되었음.

북한의 지도자들은 동맹국들(szövetségesek)과, 지원국들(támogatók)과의 관계를 전적으로 안정적인(teljesen stabil) 것으로는 인식하지 않음. 중국은 점점 그들의 철천지원수(halálos ellenség)—지금도 이것이 그들의 입장(álláspont)—인 미국과 친선관계를 이루고 있음. 그리고

---

[17] 소위 '7·4 남북공동성명'을 가리킨다.

상황의 객관성(helyzet objektíve) 또한 양측 사이의 불신(két fél közötti bizalmatlanság)을 키웠음. 작년 4월에, 김일성이 베이징을 방문했을 때, 북한 문제 역시 베트남과 비슷한 방식으로(vietnamihoz hasonlóan) /그러니까 무기(fegyver)로/ 풀어야 한다는데 대해서 부정적인 대답(nemleges válasz)을 받고, 남한에 존재하는 미군의 철수(amerikai csapatok kivonása)와 관련하여 중국의 입장이 역시 명확하지 않다(nem tiszta)는 데서 그들의 불신이 정당하다는 것(bizalmatlanság jogos)이 드러남.

소련과 북한의 관계가 순조롭지 않고(nem zökkenőmentes), 북한은 다른 친선 사회주의 국가들(többi baráti szocialista ország)과도 관계가 좋지 않은데, 왜냐면 조선로동당은 마오주의자의 지도(指導, maoista vezetés)에 이론적인 용인(elvi engedmények)을 했고, 게다가 김일성 동지는 자신의 주체사상(csucshés eszme)을 막스-레닌주의(marxizmus-leninizmus)의 자리에 세웠으며, 개인 우상화(személy kultusz)가 엄청난 규모(hatalmas méretek)로 진행되고, 아무런 이유 없이(minden indok nélkül) 독립성(függetlenség)과 자주성(önállóság)을 염려하며, 자력(自力, önerő)의 중요성을 지나치게 강조(túlhangsúlyozzák)하기 때문임. 소련은 북한을 친구로 생각(barátnak tekinti)하지만 이 우정은 김일성 동지가 수년 동안 모스크바를 방문하지 않고 있으며, 1972년에 수여한 레닌 훈장(Lenin-rend)도 수령하지 않았기에(nem vette át) 깊어질 수 없음(sem mélyülhet el).

동맹국들, 지원국들 중에서 (북한이) 가장 신임할 수 없는 국가들 (legmegbízhatatlanabbak)은 비동맹국가들인데, 가장 최근의 비동맹국가 정상회담(csúcstalálkozó)이 이를 보여줌. 남북문제(koreai kérdés)는 콜롬보 회담(colombói tanácskozás)의 주요 의제(fő probléma)로 채택되지 않았고, 유고슬라비아-북한의 견해차(nézeteltérések)들은 분명하게(kézzelfoghatóan) 만천하에 드러났으며(napvilágra került), 많은 국가들이 북한에 등을 돌린 것(pálfordulás)을 목격할 수 있었음. /자이레(Zaire), 가봉(Gabon) 등/

이러한 모든 것은 북한이 최근 몇 년간(utóbbi évek során) 자발적 지원 경제정책(voluntarista gazdaságpolitika)의 결과로서 국제적으로 엄청나게 부채를 지게(eladósodott)된 /사회주의 국가들에 대한 부채를 포함하여 약 30억 달러(3 milliárd dollár)의 부채에 대한 이야기임/ 것으로 이어지며, 규정에 따라(szabályszerűen) 서구에서는 신용을 잃고, 서구의 전문가(szakértő)들은 떠난 채(elutaztak), 일련의 고통스러운 재정회담(pénzügyi tárgyalások)과 모라토리움과 관련된 합의(moratóriumokra vonatkozó megállapodások)들이 뒤따르게 되었음. 북한 인민의 경우는 몇 십 년의 강도 높은 노동 후, 더 많은 것을(노동을) 요구받게 되었고, 계속된 선전(kampányokba)과 하루 14-16시간의 노동시간(munkaidő)에 냉담해졌음(belefásult).

군사적으로도, 동맹국과 지원국의 관점에서도 현재의 남북관계에 기초하여 (보자면) 상황은 북한에게 불리한 방향으로 바뀌었다

(kedvezőtlenebbé vált)고 할 수 있음. 여기에는 조선로동당이 범한 (elkövetett) 노선의 오류 및 자주 현실적이지 못한 상황의 판단에 기초한 안일한 평가(helyzet nem reális felmérésén nyugvó érteékelésének) 또한 큰 역할(nagy szerepe)을 했음. 평양의 외교 대표단들은 핵심을 직시한 채(lényegét tekintve), 한결같이(azonos módon) 최근 몇 년간의 전개 상황을 평가해 볼 때, 1970년대 초와 비교하여 북한의 국제적 권위는 정체(KNDK nemzetközi tekintélyének növekedése megtorpant)되었고, 게다가 더 많은 영역에서 실망스러우며(kiábrándultság), 퇴보(visszaesés)했다고 말함. 북한의 지도부는 상황의 근본적인 분석에 기초하여 정치적인 노선에서 필요한 변화들(politikai irányvonalban a szükséges változtatások)을 조치해야 할 것임. 하지만 당분간 이에 대한 분명한 징후(konkrét jel)들은 없어 보임.

상황의 이러한 전개—베트남의 승리는 불에 기름을 얹은(csak olaj volt a tűzre) 격—는 불리한 상황이 심화되는 것을 멈춰 세우고자 (megállítsák a kedvezőtlen folyamatok elmélyülését) 뭔가 더욱 과감한 조치들(még drasztikusabb lépések)을 취하게끔 북한의 지도자들을 몰아댔음.

북한의 지도자들은 소위 거대 전쟁(un. nagy háború)을 감당할 만한 외부적 조건들(külső feltételei)이 되어있지 않다는 점을 정확히 알고 있으며(pontosan tudja), 중국은 공개적으로(nyilván, 분명하게) 이를 김일성 동지에게 전했음. 소련 역시 자신들의 의견을 전혀 숨기지 않았는데(sem rejtették véka alá véleményüket), 아마도 적절한 형식으로

(valószínűleg megfelelő formában) 북한의 지도자들에게 알렸을 것임.
8월 상반기에 평양을 다녀간 소련 외무성의 총비서(főtitkár) 체르냐
코프(Csernyakov) 동지가 북한의 동지들에게 발언한 사실을 우리는
알고 있음. "소련이 가지고 있는 자료에 따르면 남한은 북한을 상대
로 공격을 할 의향이 없다(nem szándékozik támadást indítani). 그리
고 한반도에서 전쟁의 발발은 미국의 계획에도 있지 않은데(amerikai
tervekben sem szerepel), 그것은 무엇보다도 대통령 선거[18]와 관련된
내부적인 문제 때문(belső problémák miatt)이라는 것이 주지의 사실
이다." 오늘날은 이미 이전 60년대에 다수 행한 바처럼(nem egyszer
megtették) 남한으로 빨치산 부대를 보내는 것(partizáncsoportokat
küldjenek Délre)도 가능하지 않음.

이러한 모든 사실로부터 불리한 전개(kedvezőtlen folyamatok)를 멈
춰 세우기 위해, 시간이 지날수록 남북의 격차가 벌어지는 것(ászal-déli
szakadás mélyülése)에 대항하여 상황의 드라마틱한 반전(helyzet
dramatizálása)[19]을 결정할 수 있었다는 것이 추론됨. 북한은 국가가
통일(egyesül sz ország)되든지, 아니면 전쟁이 발발(háború lesz)하든
지 하는 갈림길에 닿았음(válaszút elé érkezett)을 이미 약 1년 전에
그들이 전한 바 있음. 한반도에서는(Koreában) 언제든(bármikor), 어

---

18) 미국의 대통령 선거. 소위 '8 · 18 도끼 만행사건'이 발발했을 당시, 미국의 민주당 대통
령 후보 지미 카터(James Earl "Jimmy" Carter, Jr.)와 공화당의 현직 대통령이었던 제럴
드 포드(Gerald Rudolph Ford, Jr.)는 선거를 불과 약 두 달 보름 정도 앞둔 상황이었다
(미국의 대통령 선거일은 동년 11월 2일).
19) "상황의 드라마틱한 반전"은 소위 '8 · 18 도끼만행사건'을 의미한다.

떤 순간에서든(bármely pillanatban) 전쟁이 발발할 수 있으며(kirobbanhat a háború), 미군이 남한 땅에서 물러나지 않고, 통일에 대한 전망이 열리지 않기에 상황은 악화만 될 뿐(helyzet csak romlik)이라는 말이 약 반년 전, 신뢰할 만한 대화(mérvadó beszédben)에 등장한 바 있음. 상황의 극적 전환에 대한 (북한의) 노력(helyzet dramatizálására irányuló törekvés)은 유감스럽게도 최근 판문점에서 상습적으로 발생하게 된 각종 사건들, 분쟁들의 호조건이 되었음. 여러 가정(假定, feltevések)들과 친선관계에 있는 중립국(감독위원회) 감독관(megfigyelő)들에 따르면 북측 군인들은 도가 지나쳤는데(túllőttek a célon), 8월 18일 두 명의 미군 장교의 생명을 앗아간 것은 생각하지도 못한 것(nem szerepelt az elképzelésekben)이었음.

이상으로써 추론할 수 있는 것은 북한의 지도자들이 전쟁 수행 (háború viselése)의 관점에서 불리한 외부 상황(kedvezőtlen külső helyzet)과, 다른 한편으로는 사회주의자들의 건설 업무에서 성취한 대단한 성공을 유지(megőrzése)하고 계속 수행(továbbvitel)하기 위해서 전쟁을 회피하고자 함(el akarják kerülni a háborút).[20] 하지만 이 상황—특히 점차적으로 악화되는(romló) 경향 속에서—이 수십 년 간(évtizedekig) 유지될 것에 대해서는 의견이 나누어짐(nem értenek egyet). 평양에서는 이미 "조국 통일은 우리 세대가 해결해야만 한다 (Haza egyesítését még ennek a generációnak meg kell oldania)"는 발언

---

[20] 이 보고서는 앞서 밝힌 바, 소위 '8·18 도끼만행사건' 이후 남북한 간의 전쟁이 거론될 정도의 긴박했던 시기가 어느 정도 지난 9월 20일에 작성되었다.

이 여러 번이나 나왔음. 만약 북한의 지도자들이 전쟁을 원했더라면, 만약 모든 것을 제쳐두고서라도(mindent figyelmen kívül hagyva) 모험(kalandorság)[21]을 원했더라면, 8월 21일, 미군들이 특공대원들의 보호 하에서(csapattestek védelmében) 나무를 잘랐을 때, (전쟁) 작전을 실행했었을 것(beavatkoztak volna)임. 북한의 기관원들(funkcionáriusok)은 우리에게, 8월 21일은 그들의 평화의지(békeszándék)를 보인 것이며, 더군다나 군사정전위원회(katonai fegyverszüneti bizottság) 제380차 회의에서 공동경비구역의 분할(közös őrterület kettéválasztása)에 대한 제안 역시 그들의 평화의지를 보인 것이라고 전했음. 북한은 단지 사회주의 국가들과 진보적인 인민들(haladó népek)이 미국에 대항하여(amerikaiak szemben), 북한을 지지하는데 더욱 일치단결케 하기 위해(jobban összefogjanak) 세계여론(világ közvéleménye)을 흔들고자 했을 뿐(csupán fel akarta rázni)이라고 언급했음.

떠도는 소문들(lanszírozott híresztelések) 또한 국내외 여론을 흔드는 역할을 하는데 그중 두 가지를 들어보고자 함. 평양의 인도(indiai) 공사(公使, ügyvivő)로부터 전해지는 정보에 따르면 북한의 기관원(funkcionárius)들이 얘기하기를 그들은 지금까지의 친선국가들에 대해 불만(elégedetlenek)을 가지고 있으며, 그들에게 실망을 했다(csalódtak)고 전해짐. 향후 새 친선국가들을 얻는 것으로 남북문제(koreai kérdés)를 해결하겠다고 전했음. 인도의 판단에 따르면(indiaiak értékelése

---

21) 원문에 사용한 헝가리어 단어 'kalandorság'은 '허세'를 의미하기도 한다.

szerint) 지금까지의 친선국가들은 소련을 포함한 우리들을[22] 의미하며, 반면 새로운 친선국가들과 관련된 암시로서(célzás alatt) 아마도 이는 미국과 일본을 의미하는데, 중국 역시 이 국가들과 협의가 가능(ki tud egyezni)하기에, 북한 또한—중국의 도움으로(kínai segítséggel)—가능하다고 함. 베이징은 아주 오랫동안(elég régen) 이러한 노선으로(ilyen irányba) 북한의 지도자들을 압박하고 있음(nyomja). 다른 소문은 미국과 남한 군대는 단지 국지적인 전쟁발발(csupán helyi háború kirobbantása)에 노력을 한다는 것과 관련된 것인데, 왜냐면 소위 대규모 전쟁(un. nagy háború)을 수행하기에는 외부적인 조건(külső feltétel)들이 갖춰지지 않았기 때문임. 국지전의 목적은 서울을 보호하기 위해(Szöul védelme érdekében) 개성과 개성 뒤의 산지(Keszont és a mögötte lévő hegyet)/개성은 판문점으로부터 8km 떨어져 있으며 50/53년 전쟁까지 남한에 속함/를 점령하는 것(elfoglalják)임. 이 두 가지 소문 모두 적절한 근거가 있는 것으로 볼 수는 없으나(nem tekinthető kellően megalapozottnak), 북한의 간부들이 확대시키고 있음(KNDK káderei mégis terjesztik).

비동맹국가들의 콜롬보 회의와 더불어 제31차 총회에 제시된 북한의 결의안 초안은 사건의 시기에 맞춰서[23] 정치적 관심의 중심에(politikai érdeklődés középpontjában) 있었고, 의문의 여지없이(kétségtelen) 이 또한 북한 지도자들의 행동에 영향을 끼쳤음.[24]

---

[22] 헝가리를 위시한 동유럽 사회주의 국가군.
[23] 소위 '8·18 도끼만행사건'은 콜롬보에서 개최된 비동맹 회의 기간 중에 발생하였다.

이번에 발생한 사건에 있어서 미국과 남한의 군대 역시 결백하다
는 것은 절대 아님(egyáltalán nem ártatlan). 평양의 외교 단체들에 따
르면, 대통령 선거를 앞두고(választások előtt) 포드(Ford) 대통령에게
는 아마도 무력시위(武力示威, katonai erőfitogtatás)가 필요했으며, 여
기에 이 사건은 필요한 것이었음(ehhez kellett az incidens). 북한의 지
도자들은 이 관점에서 출발하여 미국이 8월 18일의 사건을 계획적으
로 실행했다(tervszerűen hajtották végre)고 강조함. 하지만 사건에 앞
서 오랜 배경(hosszú előzmény)이 있었다는 것은 전하지 않음. 사실
미군은 이미 몇 년 전부터 판문점 다리에 자란(Panmun-hídnál nőtt) 약
20-25년 된 나무의 (무성한) 가지덤불에 대해 가지치기(fa lombozatának
ritkítása), 혹은 그 나무의 절단(fa kivágása)을 요구했는데, 이는 경비
병의 시야(őrszem rálátása)를 방해했기 때문임. 그러나 북측에서는
더 강경하게 가지치기(lombtalanítás), 혹은 나무 베기를 거부했기에
미군 측은 목적을 이루지 못했음(eredményt azonban nem tudtak
elérni).[25) 8월 18일 사건의 직접적인 선행사건(incidens előzményeként)
으로, 8월 6일에 미군들은 남측의 도움으로(dél-koreai segítségével)
나무 가지치기를 시도하려 했으나 북측으로부터 강경한 반대(erélyes
ellenzés) 때문에 결과 없이(eredmény nélkül) 되돌아가야 했음. 이후,

---

24) 당시 스리랑카의 콜롬보에서 개최된 비동맹 회의에서 북한이 제안한 3개의 항목으로
이루어진 초안에 참가국 86개 국가 중 71개 국가가 지지를 표명했으나, 이후 조정위원
회에서는 의제로 채택되지 않았다.
25) 다른 헝가리 외교기밀문서에는 그 나무를 북한이 심었기에 미군이 나무에 가지치기를
하거나 나무를 절단하는 것을 허용하지 않았다고 기록되어 있다(헝가리 외교기밀문서
Roll No. 53700, Frame No. 2007 0000 0417).

18일에, 알려진 바대로 일들은 진행되었음. 14명이 나무에 도착(érkezett a fához)했으며 비율적으로 군인과 민간인은 반반(fele-fele arányban katonák és civilek)이었음. 미군 장교들(amerikai tisztek)이 그 집단을 통솔했으며, 그들은 나무를 자르기 시작했음(hozzákezdtek a fa kivágásához).

(출처는 다르지만 내용에 있어서는) 일관된 정보(egybehangzó információ)에 따르면 누가 먼저 피로 얼룩진 싸움(véres verekedés)을 시작했는지는 정확하게 말할 수 없음(nem lehet pontosan megállapítani). 북측 친구들에 따르면(koreai barátaink szerint), 먼저 미군들이 쳤다(ütöttek)고 하고, 미군들은 다른 얘기(mást állítanak)를 하며 이를 사진들로 증명하고자 노력(ezt igyekeznek fotókkal alátámasztani)함. 이 모든 싸움을 비디오로 촬영했음(filmszalagra vették). 이 정보 또한 한목소리를 내는 것인데, 남북한 측은 서로 /남한과 북한군 양측(északiak és déliek)이/ 싸우지 않았음(nem verekedtek). 도끼를 휘두른 것으로(baltacsapásoktól), 심한 몸싸움(nagyobb ütődésektől)으로, 그리고 발로 찬 것으로(rugásoktól) 발생된 심각한 상처들의 결과로서(súlyus sérülések következtében) 미군 두 명이 사망했으며, 중경상을 입은(súlyos és könnyű sebesültek) 숫자는 아마도(valószínűleg) 5명임.

사건 이후(incidens nyomán) 미국의 고위급(USA vezető garnitúrája)에서 움직임이 있었는데, 8월 21일, 직접 백악관의 명령(közvetlen a Fehér Ház utasítása)으로 거대한 군사적 호위(jelentős katonai fedezettel)

를 한 채 나무 자르기가 실행되었음. 미국 측은 북한의 장교들에게 미리 안내를 했는데(előzetesen tájékoztatta), 8월 21일 나무를 자른다는 것을 전했고, 만약 북한이 간섭을 하지 않는다면(Ha a KNDK nem avatkozik be), 충돌은 피할 수 있을 것(összetűzés elkerülhető lesz)이라고 알렸음. 어떤 정보에 따르면 모두 약 800명의 미군(800 amerikai katona)이 이 작전에 참여(vett részt az akcióban)했다고 하며, 400명은 나무 주변(fa körül)에, 다른 400명은 그 뒤편에 머물러 있었다(hátrább helyezkedett el)고 함. B-52 폭격기(vadászbombázó)들과 헬리콥터(helikopter)들이 판문점의 들판 위를 맴돌았음. 북한은 간섭하지 않았음(A KNDK nem avatkozott be).

그 사이(időközben) 한반도 주변의 기지(támaszpont)들로부터 새로운 군사력들이 남한으로 전환배치(dobtak át)되었는, 남한 해역으로는 미드웨이 항공모함(Midway repülőgépanyahajó)이 이동했음. 미국과 남한은 부대를 출동대기상태로 (전환)했음(készenlétbe helyezték). 북한은 8월 19일 오후, 사건이 일어난 지 하루가 지나 군사력/인민군(néphadsereg), 노동적위대(munkásőrség)와 (붉은)청년근위대(ifjúgárda)/을 출동대기상태로 전환했고(készenlétbe helyezték), 20일에는 북한의 전 지역에 확대된 첫 번째 공습훈련(légoltalmi gyakorlat)을 실시했음. 이어서 꽤 며칠 동안(jó néhány napig) 등화관제를 해야 했고(el kellett sötétíteni), 이후 9월 8일부터는 공습훈련을 중단했으며, 도시들은 밤에 다시 조명을 켰고, 평양의 사이렌은 다시금 경계상태를 알리기 시작했음(őrállást kezdték jelezni).

판문점 사건과 출동(대기)상태 포고 이후 며칠이 지나서, 북한은 예정되었던 외국 파견단(külföldi küldöttség)들의 (북한) 방문에 대해 연기(látogatásának elhalasztása) 및 북한 파견단(koreai küldöttség)들의 해외 방문 취소(külföldi utazásainak lemondása)에 대한 결의를 채택 (határozatot hoztak)했음. 결의는 아주 강경하게 시행(elég drasztikusan hajtották végre)되었는데, 이미 방문길에 나선 파견단들(már úton lévő küldöttségek)에게는 되돌아갈 것을 주문(visszafordulásra szólítottak fel)했음. 대다수의 파견단들은 이를 받아들였지만 쿠바의 당(黨) 파견단(kubai pártküldöttség)은 되돌아가려고 하지 않았음(nem volt hajlandó visszafordulni). 많은 방문단(turistacsoport)들과 다른 파견단(más küldöttség)에 대해 비행장에서부터 시내로 진입을 허락하지 않은 게 아니라, (그들이 타고 온) 그 비행기로 다시 되돌려 보냈음. 파견단들의 방문 취소를 단지 긴장 상태만으로는 납득이 가도록 설명될 수 없는데 (nem lehet meggyőzően csak feszült helyzettel magyarázni), 바로 이 때문에(éppen ezért), 이러한 행동으로(ezzel az akcióval) 북한은 단지 자신들에 반(反)한 몰이해만을 증대(csak a megnemértést fokozta saját magával szemben)시켰음. 하지만 사절단의 (방문) 취소로서 상황을 극적으로 만드는 것(dramatizálták a helyzetet)에는 성공했으며, 세계 여론의 주의를 환기(világközvélemény figyelmének felrázása)시키는 것에 사절단의 방문 취소가 일조했음(elősegítették). 알려진 바와 같이 사절단 중 군사 사절단(katonai küldöttség)들 만큼은, 혹은 이와 유사한 범주(rokonterület)에 있는 사절단들에 대해서는 (그들의 방문을) 취소하지 않았음(nem mondták le).

○ ○ ○ ○ ○ ○ ○ ○ ○ ○ ○ ○

사건 이후 판문점에서는 곧 회담들이 시작되었음. 군사정전위원회 (katonai fegyverszüneti bizottság)만이 자리를 마련한 것이 아니라 이미 이전에 일정이 잡혀 있던(időpontját már korábban rögzítették) 남북 적십자 회담(észak-déli vöröskeresztes tárgyalás) 또한 이어졌음. 북한의 장교(KNDK tisztje)는 사건 발생 후 중국 장교들에게 설명을 했고, 이후 서류로(majd írásban), 기록문건 성격의 자료(jegyzőkönyvszerű anyag)를 중립국감독위원회 대표들(semleges ellenőrző bizottság képviselői)에게 건넸음. 한주경(Han Dzu Gjong) 정전위원회 북한-중국 측 대표는 군사정전위원회 380차 회의에 앞서 /8월 25일/ 김일성 동지의 유감 메시지(sajnálkozó üzenet)를 전했음. 이 메시지의 형식에 대해서는 정확한 정보를 가지고 있지 않은데, 어떤 정보에 따르면 이 유감을 구두로(szóban), 또 다른 정보에 따르면 문서로(írásban) 건넸다고 함.

(김일성의) 유감 표현 외에(sajnálkozás kifejezése mellett) 북한은 문제를 풀고자 하는 노력(rendezésre irányuló törekvés) 또한 보였는데, 군사정전위원회의 제380차, 그리고 제381차 회의에서 공동경비구역 분할(közös őrterület kettéosztása)에 대해 한 걸음 물러나는 듯한 제안(engedményekre hajló javaslat)을 했음. 이 합의는 9월 6일에 서명이 이루어졌고(írták alá), 이는 1953년에 서명한 휴전 협정의 부속서류가 되었음(fegyverszüneti megállapodás kiegészítő okmányává vált).

평양의 외교 클럽(phenjani diplomáciai körök)에서는 공동경비구역 분할에 대한 판문점의 합의를 긍정적으로(pozitívan) 평가하였음. 이 합의는 사건이 유화적인 방향(enyhülés iránya)으로 전개되는 것을 도운 것이었음. 미군 또한 한걸음 물러났으며(visszakozót fújtak), (김일성의) 유감을 인지했고(tudomásul vették a sajnálkozást), 미드웨이는 처음 출항했던 기지로 회항했음(visszaúszott).

한편 이미 9월 17일까지 실행에 옮겨지기도 한 판문점의 합의에서 합의된 내용(megállapodásban foglaltak)을 두고 많은 평양의 친선국가 외교대표부들은 (북한이) 후퇴를 한 것으로 여겼는데(visszalépésnek minősítette), 그들에 따르면 북한은 군사적 요소들을 포함한 것 또한 양보를 했기(katonai elemeket is tartalmazó engedményeket tett) 때문임. 아래의 네 가지 사항이 이 주장의 근거가 됨.

a. 8월 18일의 사건 이후, 미군 측은 21일에 문제의 그 나무를 자를 것(kivágja a kérdéses fát)이며, 만약 북측에서 간섭하지 않는다면(ha a KNDK nem avatkozik be), 단순하게 끝날 일이 될 것(simán lezárható az ügy)이라고 미리 (북측에) 알렸음(előre közölte). 북한이 결국 뒷걸음질을 친(ami elől a KNDK meghátrált) 실제 이 발언을 (미국의) 최후통첩(ultimátum)으로 여길 수 있음.

b. 공동경비구역의 분할(közös őrterület kettéosztása)과 관련하여 북한의 제안은 북측에 대해 명백하게 불리(kifejezetten hátrányos)한 것인데, 왜냐면 이 지역에서(e térségben) 펼쳐지는 이러한 경계선

(demarkációs vonal)은 국경선의 특징(határjelleg)을 가지게 될 것임에 일조하는 것이고, 다른 한편으로 남측에 속하게 되는 지역에서 북한은 더 많은 경비초소를 없애게 되었으며(több őrállást szüntet meg), 동시에 북측에 속하는 지역에는 단 하나의, 소위 유엔경비초소(ENSZ-őrség)/미군 측 경비대(amerikai őrszolgálat)/가 있었을 뿐임.

c. 북한은 18일의 사건 이후 (미국과) 자주 접촉하던 와중에(érintkezés során) 우호적인 방향(kedvező irány)으로 회담 스타일(tárgyalási stílusa)을 변화시켰는데, "당신들 미 제국주의 침략자들(Önök amerikai imperialista-agresszorok)"이라는 호칭(megszólítás)이 빠졌으며(elmaradt), 이 외에도 "18일의 전쟁적 도발(18-i háborús provokáció)"이 아닌 "18일의 사건(18-i incidens)"이라는 표현이 이를 대체했음.

d. 북한은 은연중에(hallgatólagosan) (공동)경비구역 분할(őrterület kettéosztása)과 관련된 의제에 대한 회담에서 남측의 대표들 또한 참가할 것이라는 점(Dél-Korea képviselői is részt vegyenek)을 알고 있었음(tudomásul vette). 친선 국가의 외교관들 앞에서 북한의 공직자들(KNDK tisztviselői)은 아래의 발언으로 이에 대해 폄하하고자 노력을 했는데(igyekeztek csökkenteni), 그들이 말한 바는(ahogy mondták), "남한 사람들은 거기에 단지 보조적으로, 미국에 종속된 역할을 맡았다(Dél-Korea emberei ott csak másodlagos, amerikaiaktól függő szerepet játszottak)"임.

북한 외무성은 발생한 사건(lezajlott incidens)에 관하여 상당히 늦게(elég nagy késéssel), 7일이 지난 후(7 nap múlva) 평양의 외교 대표 기관들의 대표들(phenjani diplomáciai képviseletek vezetői)에게 안내를 했음. 집단적으로 이루어진 이 안내(csoportos tájékoztató)를 한시해(Han Si He) 외무성부부장(külügyminiszter-helyettes)이 8월 25일 했으며, 본인도 여기에 참가를 했고, 다른 루트(más úton)를 통해 자세하게 이에 대해 보고를 한 바 있음.

8월 19일에 포고된 출동대기상태(készenléti állapot)를 북한의 지도자들은 여러 사안에 이용했음(több dologra kihasználták).

우선 소위 주민의 조직화(lakosság un. szervezettsége)를 강화했으며, 있지도 모를 전쟁 상황(esetleges háborús helyzet)에서 해야 될 일들(teendői)을 훈련시켰음(gyakoroltatták).

두 번째로 평양에서 약 5-6만 명(mindegy 50-60 ezer ember)을 (지방으로) 이동시킴(kitelepítettek). 트럭의 행렬은 몇 주에 걸쳐(heteken át) 수천의 이주 가족들(költözködő családok ezrei)을 실어 날랐음. 이 후에 어렵사리(végülis) 북한인들로부터 사실을 알게 되었는데, 피난 연습(evakuálási gyakorlat)이 아니라 (평양으로부터) 이주행렬이라고 그들은 전했음. 루마니아 사람들로부터 전해진 소식들은 아마 과도한 것으로 여겨지는데(valószínű túlzásnak minősíthető), 북한은 평양 인구의 약 30%를 줄이려고 하며(30%-kal akarják csökkenteni), 이는 약

30-35만 명의 사람들에 해당되지만, 이 (정도로) 많은 사람들이 수도를 떠나지는 않았음. 분명(minden bizonnyal) 전체 연구소(összes kutatóintézet)와 거기서 근무하는 연구자, 그리고 연구보조 직원(kisegítő személyzet)들을 함께 (평양으로부터) 이동시켰을 것임(kitelepítették). 다른 정보에 따르면 평양 인텔리들의 일부 계층(értelmiség más rétegei)들, 여러 장관부서의 근무자들 일부(minisztériumok dolgozóinak egy része)도 이동시켰음(kitelepítették). 외무성(Külügyminisztérium)과 대외무역성(Külkereskedelmi minisztérium)에도 엄청난 간부교체가 일어났으며, 아마도 교체되어진 간부(kicserélt káderek)들 또한 지방으로 이동시켰을 것임. 동시에 평양의 교화소들(börtönök)/과 (이보다) 더 큰 하나의 강제수용소(egy nagyobb koncentrációs tábor)/의 거주인들(lakói)도 지방으로 이동시켰음.

지방으로 이주된 인텔리들은 당분간 공동 주택(közös szálláson)에 머물며, 현재 지정된 새 거주지(kijelölt új telephelyük)에 아파트 건축이 시작되었음. 평양의 아파트들은—긴장된(부족한) 주택상황을 거론하며(feszült lakáshelyzetet utalva)—즉시 평양의 노동자 가족들에게 할당되었음(azonnal phenjani munkáscsaládoknak utalták ki).

세 번째로 북한은 출동대기상태(készenléti állapot)를 경제적 건설활성화(gazdasági építőmunka fellendítése)에 이용했음. 노동신문 9월 2일자 1면에는 큰 박스 기사로 사설이 실렸는데(nagy bekeretezett szerkesztőségi cikket publikált), 이는 노동자들에게 경제 과업들의 2-3

배 초과달성(két-háromszoros túlteljesítés)을 촉구하는 것이었음. 북한의 노동자들은 지금까지도 엄청나게 강요된 속도(rendkívüli feszített ütem)로 아주 많은 잔업을 했던 것(messze a munkaidőn túl dolgoztak)을 감안하면, 생산의 2-3배 초과달성과 관련된 요구가 현실적(reális)이지는 않은 듯함. 이보다 더 중요한 것은 신문의 기사가 사람들의 주의(emberek figyelme)를 경제적 과업 달성(gazdasági feladatok teljesítése)으로 돌리려고 한다는 것임.

루마니아 출처로부터 얻은 정보에 따르면 전쟁수행(háború viselése)의 외부 조건들(külső feltételei)이 미비하고, 북한 그 자신은 전쟁을 수행할 수 있는 적합한 배경(megfelelő háttér)을 가지고 있지도 않은 것으로 볼 때, 아마도 내부 문제(belső probléma)들, 최고위층에서 감지되는 의견충돌(legfelsőbb szinten megfigyelhető nézeteltérések)들 또한 출동대기상태 선포(készenléti állapot kihirdetése)와 전쟁 분위기를 부추기는 것(háborús hangulat felkeltése)에 기여했음(közrejátszottak).

판문점의 사건들과 관련한 외국의 반응에 북한은 전혀 만족하지 않음(egyáltalán nem elégedett). 중국이 입장을 표명하지 않고(nem foglalt állást), 논평도 없이(de kommentár nélkül), 단지 (지면의) 외진 곳(eldugott hely)에 아주 짧게(igen röviden) 판문점 사건과 관련된 북한의 성명서(nyilatkozat)들만 다룬 사실은 잘 알려진 바임. 이것은 아주 심각한 경고로 여겨지는데(komoly figyelmeztetésnek minősül), 왜냐면 중국은 항상 북한과 관련된 자료들을 첫 자리에, 자료의 분량에

구애받지 않고(teljes terjedelmében) 발표하곤 했기 때문임. 중국의 외교관들은 매우 폭 넓은 층에서 거론하기를, 한반도에서 전쟁은 없을 것(Koreában nem lesz háború)인데, 왜냐면 "아무도 전쟁을 원하지 않기(senki sem akar háborút)" 때문이라고 함.

오늘날까지도(mind a mai napig) 북한은 각기 다른 채널을 통하여 (különböző csatornákon keresztül) 친선 사회주의 국가들의 지원을 요구하고 있음. 헝가리 방송의 입장표명(állásfoglalás)들, 논평(kommentár)들로 /!/[26] 북한은 만족했으며, 이를 몇 번이나 우리에게 표한 바 있음(tudomásunkra hozták). 반면 "사회주의 국가들 사이에 단지 베트남과 쿠바 정부만이 판문점 사건과 관련하여 북한에 대한 지지를 보장하는 성명서를 발표했다(a szocialista országok közül csak a vietnami és a kubai kormány adott ki nyilatkozatot, amelyben támogatásukról biztosították a KNDK-t a panmindzsoni események kapcsán)."고 그들은 언급함. 우리는 차우세스쿠(Csausescu) 동지 또한 북한의 부카레스트 대사(KNDK bukaresti nagykövete)를 접견했다(fogadta)는 사실을 알고 있음.

알려진 바와 같이 박정희는 판문점 사건 이후 형성된(előállt) 상황에서 18명의 애국인사(18 hazafi)에 대해 16차 /선고(ítéletet hirdető)/ 공판(bírósági tárgyalás)을 명했음.[27] 지극히 유죄를 선고할 수 없는

---

[26] 원문의 사선부호 속 느낌표(/!/)는 문서 작성자가 강조함의 의미한다.
[27] 1976년 3월 1일에 있었던 소위 '3.1 (민주)구국선언' 관련 내용이다.

(eléggé el nem ítélhető), (하지만 유죄를 선고한) 이러한 행위(tett)는 일본에서도 반(反) 박정희 성명(선언, 표현, megnyilatkozás)들이 나오게끔 하였음(váltott ki). 도쿄의 라디오는 거대 일본 정당 지도자들의 견해(nagy japán pártok vezetőinek állásfoglalása)를 거론하며(idézve), 박정희 체제를 파시즘이라고 명명한 적이 한두 차례가 아님(nem egy alkalommal fasisztának nevezte a Pak Csong Hi rezsimet). 관련 헝가리 사회와 대중단체들은 판문점 사건의 분석에 너무 깊이 빠져들지 말고(nem belemélyedve panmindzsoni események taglalásába), (북한에 대한) 회신 편지들로, 그리고 연대의 입장(szolidaritási állásfoglalás)에서 북한 자매단체들(testvérszervezetek)이 요청한 바에 대해 논의할 것(térjenek vissza)과, 8월 28일의 결정(ítélet)을 비판할 것(ítéljék el)을 제안함(javaslom).

9월 15일, 보고서를 쓰는 지금은 위험하게 달아오른(veszélyesen felizzott) 8월 18일과 21일의 상황과 비교하여 상황이 진정되기 시작했다는 것(enyhülés indult meg)을 이미 북한사람들, 그 자신들로부터도 듣고 있음. 그러나 북한의 간부들(koreai káderek)은 오늘도(még ma is) 끊임없이(váltig) 전쟁은 어떤 순간에도 발생할 수 있다(kitörhet)고 강조하는데, 그들은 여기에 첨언하기를, 북한은 전쟁을 원하지 않고(nem akar háborút), 선제공격은 없을 테지만(nem fog elsőként támadni), 이와 더불어(ugyanakkor) 공격받는 것도 허용하지 않을 것(nem engedi meg azt sem, hogy megtámadják)이라고 함.

일련의 사건들(이 발생할 것임)을 염두에 둬야만 한다(tovább incidensekkel számolnunk)고 판단하는 바임.

서명
/써보 페렌쯔 (Szabó Ferenc)/
대사 (nagykövet)

06_ 남한의 핵발전소 관련 자료 해제

헝가리 외교기밀문서 중 남북한의 핵관련 자료도 다수 있다. 대표적인 것으로는 1963년, 모스크바가 핵실험 중지에 합의한 사건에 대한 북한의 반응, 그리고 1968년, 동독을 방문한 북한의 핵 파견단, 1979년, 체코슬로바키아에게 우라늄 생산 시설과 핵발전소에 대한 요청 등에서부터 비교적 최근이라고 할 수 있는 90년대 초반의 자료들까지 관련 자료들이 산재해 있다. 이 외에도 다른 문서들에 뜬금없이 등장하는 핵관련 언급들도 무시할 수 없을 것인데, 이러한 내용들을 자료화하기 위해서는 전면적인 자료 해제 작업이 필요할 것이다. 이하 소개하는 자료는, 약간의 과장된 정보를 포함한 한국의 원자력발전소 관련 자료들이지만, 문서의 마지막 부분에 등장하는 북한 관련 상황에 대해서는 특히 방점을 두어 해석할 수 있을 것이다.

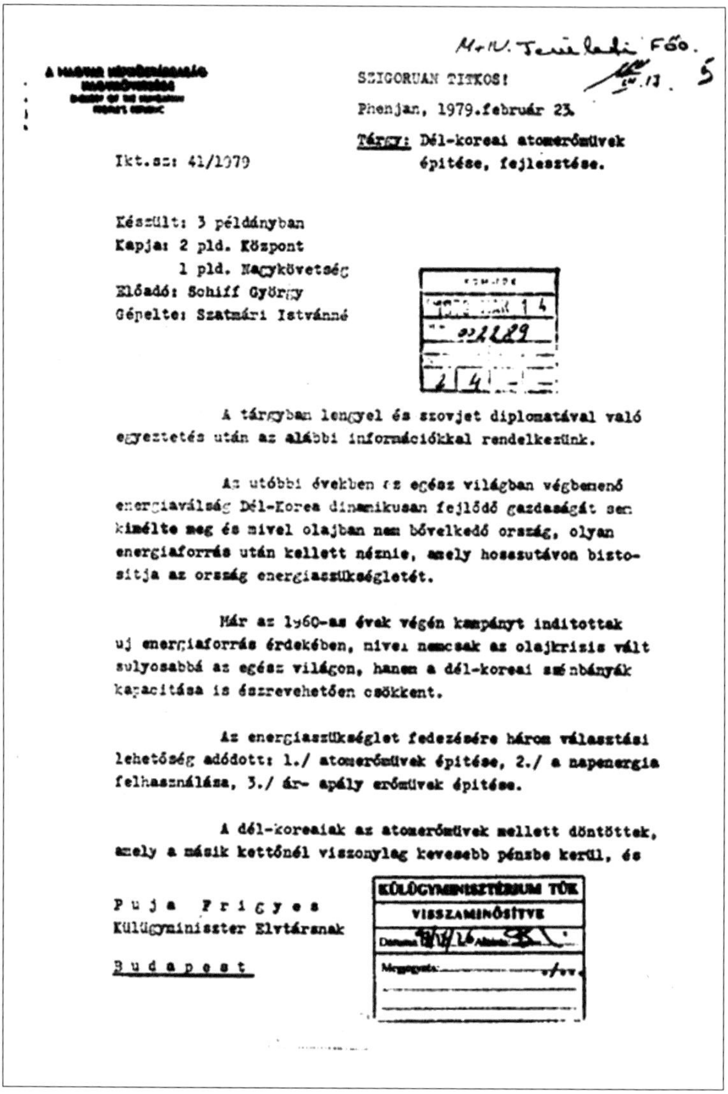

A MAGYAR NÉPKÖZTÁRSASÁG
NAGYKÖVETSÉGE
(illegible header)

(handwritten top right) M+N. Területi Főo.
(handwritten) 5

SZIGORUAN TITKOS!

Phenjan, 1979.február 23.

Tárgy: Dél-koreai atomerőmüvek
épitése, fejlesztése.

Ikt.sz: 41/1979

Készült: 3 példányban
Kapja: 2 pld. Központ
       1 pld. Nagykövetség
Előadó: Schiff György
Gépelte: Szatmári Istvánné

        A tárgyban lengyel és szovjet diplomatával való
egyeztetés után az alábbi információkkal rendelkezünk.

        Az utóbbi években az egész világban végbemenő
energiaválság Dél-Koreat dinamikusan fejlődő gazdaságát sem
kimélte meg és mivel olajban nem bővelkedő ország, olyan
energiaforrás után kellett néznie, amely hosszutávon bizto-
sitja az ország energiaszükségletét.

        Már az 1960-as évek végén kampányt inditottak
uj energiaforrás érdekében, mivel nemcsak az olajkrizis vált
sulyosabbá az egész világon, hanem a dél-koreai szénbányák
kapacitása is észrevehetően csökkent.

        Az energiaszükséglet fedezésére három választási
lehetőség adódott: 1./ atomerőmüvek épitése, 2./ a napenergia
felhasználása, 3./ ár- apály erőmüvek épitése.

        A dél-koreaiak az atomerőmüvek mellett döntöttek,
amely a másik kettőnél viszonylag kevesebb pénzbe kerül, és

P u j a   F r i g y e s
Külügyminiszter Elvtársnak

B u d a p e s t

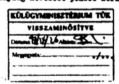

KÜLÜGYMINISZTÉRIUM TÜK
VISSZAMINŐSITVE

---

[06] 남한의 핵발전소 관련 자료 중 일부

88 · 헝가리 외교기밀문서로 본 한국 현대사의 주요 장면들

문서번호: 마이크로필름(Microfilm) 롤(Roll) 번호: 53701.
　　　　　프레임(Frame) 번호: 2007 0000 1973 - 2007 0000 1980[28]
발　　신: 주(駐) 북한 헝가리 대사관. 평양, 1979년 2월 23일.
기밀등급: 1급 기밀

제목: 남한의 원자력발전소 건설, 개발

　상기 주제와 관련하여 폴란드 및 소련 외교관(lengyel és szovjet diplomatával)과 의견을 나눈 후(egyeztetés után) 아래의 정보들을 인지하게 되었음.

　최근 몇 년간 전 세계에 걸쳐 발생한 에너지 위기(energiaválság)가 역동적으로 발전하는(dinamikusan fejlődő) 남한의 경제에도 타격을 주었고, 남한은 석유가 충분한 국가가 아니기에(mivel olajban nem bővelkedő ország), 장기적으로 국가의 에너지수요를 보장할 수 있는 에너지원(energiaforrás)에 대한 고찰이 필요했음.

　석유위기가 전 세계에 심각해졌기 때문만은 아니라, 남한의 석탄 생산량(szénbányák kapacitása)도 눈에 띌 정도로(észrevehetően) 저하되었기에, 이미 1960년대 말에 새로운 에너지원을 위한 캠페인이 시작되었음.

---

[28] 본 자료는 2013년 선인출판사에서 출판한 『헝가리의 북조선 관련 기밀해제문건』이라는 책에서 그 일부가 소개된바 있다. 여기에 실린 문서는 일부가 아니라 전문(全文)임을 밝힌다.

에너지수요를 충족시키고자 3개의 선택 가능성이 주어졌었음. 1./ 원자력 발전소 건설(atomerőművek építése), 2./ 태양 에너지 활용(napenergia felhasználása), 3./ 조력(潮力) 발전소 건설(ár-apály erőművek építése).

다른 두 개의 대안보다 비교적 적은 비용(viszonylag kevesebb pénz)이 들고, 빠르게 투자 총액을 회수(hamarabb téríti meg a ráfordított összeget)할 수 있기에 남한은 원자력 발전소를 선택함. /다른 두 개의 이용은 아직 상당히 초기 단계에 있으며(még eléggé kezdeti stádiumban van), (실제 활용보다는) 오히려 시험 목적으로 행해지고 (kisérleti célokat szolgál), 아직 수지에 맞지 않다(kifizetődő)는 것은 말할 필요도 없음/.

그러나 이러한 결정에도 문제가 아직 해결된 것은 아닌데, 즉 남한은 우라늄 역시 풍부한 국가가 아니며(Dél-Korea urániumban sem gazdag ország), 남한에서 채취할 수 있는 그 적은 양으로는 원자력 발전소는 물론 산업시설을 운영할 수도 없음. 계속된 문제는 핵분열물질(hasadó anyag)을 누구로부터 구입하느냐는 것임.

여러 국가들과 회담을 시작했으며, 그 결과로 핵분열물질의 일부분을 캐나다, 파라과이, 가봉, 그리고 니제르[29]에서(Kanadából, Paraguayból, Gabon-ból és Niger-ból) 공급 받기로 합의를 맺었음.

반면 원자력 발전소 설비들은 미국, 캐나다, 그리고 프랑스(USA, Kanada, és Franciaország)가 제공함. /이 후자(프랑스)는 주로 농축과

---

[29] Niger. 니아메(Niame)가 수도인 서아프리카의 내륙국.

가속 설비들을(dúsító és gyorsító berendezéseket) 제공함./ 적당한 수와 합당한 수준의 전문가 팀과 예비인원들의 교육을 위해서 여러 국가들과 합의를 맺기도 했음. 호주, 캐나다, 그리고 프랑스로(Ausráliába, Kanadába, és Franciaországba) 교육을 위해 4천 명 이상의 전문가들(több mint négyezer szakember)을 파견했음.

제1기 원자력발전소 건설은 1971년 3월 부산 옆의 고리에서(Koriban) 시작하여 1978년 5월에 마침. 1974년 10월에 원자로와 터빈들을(atomreaktort és a turbinákat) 최종적인 위치로 옮겼으며, 1975년 6월에 첫 번째 농축 우라늄 운반물(az első dúsított uránium szállítmány)이 고리로 도착했고, 이를 가지고 시운전(próbaüzemelés)을 시작했음.

하지만 이는 시작에 불과하며, 남한 정부는 계속된 원자력 발전소 건설에 대해 2000년까지 장기 계획을 작성했음. 이 첫 기간은 1986년까지 전개되는데, 이 시기 동안 6기(6 db)가 더 설립될 것임 /매년 1기/. 이 투자 총액은 1986년까지 1560억 원과 1억 7천 4백 만 달러가 될 것임.

가장 주된 투자자(legfőbb beruházók)는 미국의 웨스팅하우스 일렉트릭(Westinghouse Electric)사(社), ITT, 영국의 GEC, 그리고 몇 개의 프랑스 회사와, 또한 예를 들자면, 새로 만들어진 한국 원자력 에너지(Korea Nuclear Energy Comp.)와 같은 당연히 여러 한국의 회사들임.

○ ○ ○ ○ ○ ○ ○ ○ ○ ○ ○ ○

고리 원자력발전소는 남한의 제4차 5개년 계획 목표 달성에 크게 기여하고 있음(nagymértékben hozzájárul). /1977-1981./ 1981년, 제4차 5개년 계획의 마지막 해에 전기 에너지 발전에서 원자력 에너지의 공헌은 현재의 8.9%에서 15%로 증가할 것이고(jelenlegi 8.9%-ról 15%-ra növekszik), 1986년 말에는 30%가 될 것임. 이는 경제의 다른 분야들의 발전에 맞추어서 전기 에너지 증가를 매년 20%씩 계상한(évről-évre 20%-kal irányozza elő) 계획의 한 부분임.

고리 원자력발전소로서 남한의 전기 에너지 생산 출력은 6백5십 9만 킬로와트(KW)에 이르게 되었음. (추가되는) 여섯 개의 원자력발전소의 건설과 운용으로—1986년에, 이 전체 생산 출력은 2천만 킬로와트(KW)에 달할 것임. 1986년 말에는 7기의 원자력 발전소, 5기의 수력 발전소(vízierőmű), 24기의 화력 발전소(hőerőmű)와 1기의 조력 발전소(ár-apály erőmű)를 건설, 운용하고자 함. 2000년까지 26기의 원자력 발전소를 세우는데, 이에 대한 자연과 환경오염 영향(természet és környezet szennyező hatása)은 석탄이나 석유를 소재로 하는 발전소(szén, vagy olajfűtésű erőműveke)의 절반에도 미치지 못함(még a felét sem éri el). 이들의 전체 용량은 7천3백 만 킬로와트(KW)가 될 것이며, 이는 2만 5천 킬로미터(25 ezer kilométer)의 케이블을 통해서 소비자들에게 연결됨. 전체 투자 총액은 3천억 원(300 milliárd von)과 미화 70억 달러(7 milliárd USA dollár)가 될 것임.

현재 로스앤젤레스에는 한국 원자력 에너지(Korea Nuclear Energy

Comp.)의 사무소가 개소되었고, 30-40명의 인원이 근무 중인데 그들의 과업은 이 원자력 발전소들과 다른 전통적 방식의 발전소에 필요한 설비들을 한편으로는 미국으로부터, 다른 한편으로는 이러한 설비를 갖추고 있는 다른 서구의 국가들로부터(olyan nyugati országoktól, akik ezekkel rendelkeznek) 구입하는 것임.

남한의 목표는 아마도 조금은 과장되게 보이기도(kissé túlzottnak tűnhetnek) 하지만, 목표 달성을 위해 자신들이 직접 개발한 산업 토대뿐 만 아니라, 가능성 높은 가정에 따르면 미국, 일본, 독일, 프랑스와 다른 서구 국가들의 지원 또한 상정해 볼 수 있음.

만약 1986년 말로 계획된 남한과 북한의 전기 에너지 생산 출력(energia termelési teljesítmény)을 비교해 본다면, /즉, 북한도 그때 7개년 계획을 마치게 됨/ 남한은 거의 북한의 세배(háromszoros)에 이름. 예를 들면 체코슬로바키아, 소련, 유고슬라비아, 중국의 경우(Csehszlovákia, Szovjetunió, Jugoszlávia, Kína esetében)처럼 (북한이 이미 요청했던 바), 이는, 북한이 이미 이전에도 그랬지만, 올해를 시작으로 강력히 사회주의 국가들에게 원자력 발전소 설비를 운송해주거나, 또는 직접 원자력 발전소를 지어주기를 재촉한 이유를 설명해 줄 수 있음. 경우에 따라서는 향후(esetleg a későbbiekben) 원자폭탄도 생산 할 수 있다(atombombát is tudjon gyártani)는 그러한 의도를 숨긴 채(azzal a titkolt szándékkal) 남한에 비해 뒤처진 바를 이러한 방법으로 따라 잡으려고 시도함.

서명

/써보 페렌쯔(Szabó Ferenc)/

대사(Nagykövet)

07_ 10·26 사건 관련 자료 해제

남북한의 몇몇 주요 사건에 대해 헝가리 외교문서는 하나의 파일(file, dosszié)로 묶어 관리하고 있는데, 10·26 사건도 그중 하나이다. 하지만 이후 12·12 사건 관련 내용 중에도 상당한 분량의 10·26 사건 관련 내용이 등장한다는 사실로도 알 수 있듯이, 이 파일 외에도 10·26 사건 관련 내용은 산재되어 등장하고 있다. 헝가리의 외교기밀문서(TÜK, titkos ügykezelésű iratok)[30] 에서 10·26 사건 파일은 단지 이 사건과 직접적인 관련이 있는 자료들만을 모아둔 것이라고 볼 수 있다. 10·26 사건 파일 중 일부인 '문서번호: 마이크로필름(Microfilm) 롤(Roll) 번호: 53701. 프레임(Frame) 번호: 2007 0000 1943 - 2007 0000 1949'의 경우, 노동신문의 사설 전문(全文)이 헝가리어로 실려 있으나 현재 국내에서도 열람이 가능하기에 그 부분은 별도로 옮기지 않았다. 10·26 사건과 관련하여 헝가리와 다수 사회주의 국가들의 관심은 이 사건과 관련된 미국의 개입과 북한의 반응에 초점을 맞추고 있다는 것을 헝가리 외교기밀문서는

---

[30] 헝가리의 외교문서는 크게 일반행정기밀문서(ÁÜK)와 (외교)기밀문서(TÜK)로 나뉘어진다. 실제 이 두 종류의 문서는 대부분이 모두 기밀문서에 해당하지만, (외교)기밀문서의 경우 그 취급자와 처리에 대해 별도의 규정을 두고 있다.

보여주고 있다. 그리고 이 자료는 헝가리 외교문서의 또 다른 큰 특징을 보여주고 있는데, 헝가리 외교문서는 오직 헝가리 국내 자료 및 평양에 상주하고 있던 헝가리 대사관에서 입수한 정보로 구성되었다기보다는 해외 각국의 헝가리 외교 공관에서 수집한 그 현지 정보 또한 많은 분량을 차지하고 있다. 따라서 각국의 관련 정보가 단지 '헝가리어'로 되어 있는 것이라고 할 수 있으며, 이는 헝가리 외교문서의 특징이자 그 가치에 해당한다고 할 수 있다. 10 · 26 사건과 관련해서는 특히 일본의 정보들이 흥미롭다.

	Kelte	Kezdet:	Száma		Példány		Melléld.		EGYIRATDARAB TÁRGYA:
				Fogal. mazv.	db	lap	db	lap	
Alapszám Alsz.	10/31	Phenjan	221/Rt 13742	–	1	1	–	–	KNDK vélemény: A gyilkos mögött meghatározott csoportosulás állhat, melynek érdeke a rezsim megmentése. Tényleges változás Dél-Koreában csak a diktatórikus rezsim megdöntése után várható.
1.	11/1	Tókió	152/aT 13670	–	1	1	–	–	Japán értékelés: A merénylet polgári demokratikus célzatú, amerikabarát államcsiny kísérlet része volt. A közeljövőben a hadsereg diktatórikus uralmára lehet számítani.
2	11/2	Phenjan	222/Rt 13818 C	–	1	1	–	–	KNDK értékelése a dél-kóreai elnökmerényletről.
3	11/2	Hanoi	416/Rt 13681	–	1	1	–	–	Vietnami értékelés a délkóreai elnök merényletről.
4.	11/5.	Phenjan	223/RT 13878	/	1	1	–	–	LI CSONG NOK köszönőbeszéd az NDK nagykövetének.
5.	11/8.	Phenjan	226/RT 13907	–	1	1	–	–	Alapra: phenjani szovjet nagykövet véleménye: kivárásra épülő álláspontjaikkal demonstrálják készségüket az USA felé köteld.tárgyalások megkezdésére, a fundamentumok elmérgesedés a léma érdemi vizsgálata alá.
6.	11/8.	Tókió	155/RT 13992	/	1	1	–	–	Japán vélemények alapra: a hatalom egyelőre a hadsereg kezében fog maradni.
7.	11/14.	Phenjan	233/RT 14129	–	1	1	–	–	KNDK vélemény alapra: Li Csong-nok-tól kapott információik.

[07] 10·26 사건 관련 자료들은 하나의 파일로 묶여 있으며, 그 파일 내의 자료 목록 중 일부

문서번호: 마이크로필름(Microfilm) 롤(Roll) 번호: 53701.
　　　프레임(Frame) 번호: 2007 0000 1892 – 2007 0000 1898
발　　신: 주(駐) 북한 헝가리 대사관. 평양, 1979년 10월 31일.
기밀등급: 1급 기밀 (Szigorúan titkos)

기밀전문 (REJTJELTÁVIRAT)

제목: 남한 대통령 암살에 대한 북한의 의견

　지금까지는 박정희 암살(Pak Csong Hi meggyilkolása[31])과 관련하여 단지 조심스럽고(óvatos), 상황을 예의주시하는(kiváró) 보고들이 (이곳 북한 현지에서) 발표되었음. 아래의 두 관점이 특히나 강조될 만한 것들임.

　1. 암살자의 배후에는(gyilkos mögött) 분명한 집단(meghatározott csoportosulás)이 있을 수 있으며(állhat), 그들의 관심은 체제를 구제하는 것(a rezsim megmentése)임.

　2. 남한에서 실제적인 변화(tényleges változás)는 독재 체제의 전복 이후에나 기대를 할 수 있음. 소련 외교관들로부터 수집한 정보에 따르면 북한의 동지들은 지금까지 개인적인 대화에서만(csak magánbeszél-

---

31) 헝가리어 'meggyilkolás'는 주로 '살해', 또는 '죽임(암살)'에 해당하는 의미로 사용되는데, '박정희 전 대통령 시해 사건'과 관련된 헝가리 외교문서에서는 거의 모든 표현에서 이 단어가 통용되고 있다. 이 책에서는 '시해'라는 특별한 의미를 살릴만한 원문의 표현이 없는 한, 국문으로 옮긴 '살해'와 '죽임(암살)'은 대부분 헝가리어 'meggyilkolás'를 옮기는데서 나온 등가적 표현임도 아울러 밝힌다.

getésekben) 살해에 미국 관련 가능성(gyilkossághoz az USA-nak köze lehet)을 언급하고 있음.

북한과 이곳 외교 그룹(diplomáciai körök)의 반응에 대해 주의 깊게 지켜보고 있으며, 이와 관련하여 지속적으로 보고를 할 것임.

- 221 - E. -

○ ○ ○ ○ ○ ○ ○ ○ ○ ○ ○ ○

문서번호: 마이크로필름(Microfilm) 롤(Roll) 번호: 53701.
　　　　프레임(Frame) 번호: 2007 0000 1899 - 2007 0000 1900
발　　신: 주(駐) 일본 헝가리 대사관. 도쿄, 1979년 10월 30일.
기밀등급: 1급 기밀

기밀전문 (REJTJELTÁVIRAT)

제목: 남한 대통령 사망(délkoreai elnök haláláról)에 대한 일본의 평가

(문서, 자료) 101번과 관련하여.

　일본 정부는 남한과 밀접한 정치적, 경제적 관계 때문에 박정희 남한 대통령의 사망소식을 큰 충격으로(nagy megdöbbenéssel) 받아들였음. 여기 현지의 외무성과 도쿄 타임스(Tokió Times) 사장(elnök)을 출처로 한 정보에 따르면 암살(merénylet)은 시민 민주주의를 목표로 한 것(polgári demokratikus célzatú)이며, 친미 쿠데타 시도의 일부 (amerikabaráti államcsíny kísérlet része)였음. 하지만 이는 실현되지 못했는데, 왜냐면 군대의 지도자들이 이에 합류하지 않았기(hadsereg vezetői nem csatlakoztak hozzá) 때문임. 우리가 아는 바로는, 미국의 도쿄 대사관 소속 직원들(Egyesült Államok tokiói nagykövetségének tagjai)이 암살 며칠 전에 남한에서 중요한 사건들이 일어날 가능성 (Dél-Koreában fontos eseményekre lehet számítani)에 대해 언급했다고 함.

도쿄 타임스 사장에 따르면 가까운 미래에(közeljövőben) 군대의 독재적 통치(hadsereg diktatórikus uralma)를 예상할 수 있다고 함. 하지만 만약 몇 달 후 선거들을 공표하고 모든 정당의 참여를 허락한다면, 자유주의적 성향의 야당(liberális ellenzék)이 반드시 승리를 거둘 것임(biztos győzelmet aratna). 우리 정보원들(informátoraink)은 남한에서 상황이 어떻게 형성이 되든, (그 어떤) 위험도 당분간 미국의 지위(Egyesült Államok pozíciói)를 위협하지는 않을 것으로 확신하고 있음.

- 152 - K. -

문서번호: 마이크로필름(Microfilm) 롤(Roll) 번호: 53701.
　　　　　프레임(Frame) 번호: 2007 0000 1901 - 2007 0000 1902
발　　신: 주(駐) 북한 헝가리 대사관. 평양, 1979년 11월 1일.
기밀등급: 1급 기밀

기밀전문 (REJTJELTÁVIRAT)

제목: 남한 대통령 암살에 대한 북한의 평가

1033번 공개전문과 관련하여.

남한에서 형성되는 상황에 대해 여기 (북한의) 현지 평가와 관련된 질문에, 의전 담당자(protokoll főnök)는―언론을 통해 알려진 것들 외에―단지 북한의 통일 정책은 변함이 없다(KNDK országegyesítési politikája változatlan)는 것만을 얘기할 뿐임. 통일을 '진정 원한다(őszintén óhajtja)'면, 남한의 어떤 지도자들과도 회담을 할 준비가 되어 있다고 함. 지금도 북한의 이전 제안에 대하여 북측은 남측의 긍정적인 반응을 기대하고 있음.

참모장의 부지휘관(vezérkari főnök egyik helyettese) 중 한 명은 10월 30일에 우리 측 무관(katonai attasénk)과 우연한 대화를 나누던 중(alkalmi beszélgetés során), 남한의 사건들 때문에 첫 번째 단계 /단지 첫 번째 단계/에 있는(az első /csak első/ lépcsőben lévő) 사단(師團, hadosztály)들을 강화된 전시준비상태(fokozott harckészültség)로 전환

했다고 말함.

- 222 - E. -

문서번호: 마이크로필름(Microfilm) 롤(Roll) 번호: 53701.
　　　　프레임(Frame) 번호: 2007 0000 1903 - 2007 0000 1904
발　　신: 주(駐) 베트남 헝가리 대사관. 하노이, 1979년 10월 30일.
기밀등급: 1급 기밀

기밀전문 (REJTJELTÁVIRAT)

제목: 남한 대통령 사망에 대한 베트남의 평가

(문서, 자료) 412번과 관련하여.

　북한과 북한의 복합적 문제(kérdéskomplexum)와 관련하여 베트남의 입장에 대한 (이미 알려진바 외에) 레 트랑(Le Trang) 동지의 10월 27일 발언임.

　- 박정희 남한 대통령에 반(反)하여 자행된 성공적인 암살이 북한 자신들에게는 유리한 결과를 낼 수 있게끔 이용 가능한, 새로운 좋은 기회를 제공했음. 베트남 측은 (그러나) 북한의 지도자들이 이 좋은 기회를 남한의 재야 세력이 결집하는 것으로 이용하지 못할 것이며 (sem kihasználni a jó alkalmat a délkoreai ellenzéki erők összefogására), 민주적 토대에서 전개되는 조국통일 과업으로 진행시키지(haza demokratikus alapokon történő egyesítése ügyében előmozdítására) 못할 것이라고 확신함. 북한의 지도자들은 이미 자신들의 신념, 혹은 이성(saját józan eszükre, vagy leklkiismeretükre)보다 베이징의 말을 경

청할 정도로 베이징에 경도되어 있음(elkötelezték magukat Pekingnek).

토도르 지프코프(헝: Todor Zsivkov, 불: Тодор Живков, 영: Todor Zhivkov) 동지의 베트남 방문에 맞춰 준비하고 있는 공동 성명서 (közös közlemény) 문안 합의 시, 이미 잘 알려진 반(反) 베트남, 반 (反) 사회주의권 태도(vietnam-ellenes és a szocialista közösség-ellenes magatartása)를 취하는 북한의 노선(vezetés) 때문에 불가리아-베트남 공동 성명서에는 북한에 대해 한 마디의 언급조차 포함시키지 말 것을(ne legyenek egy szó említést se Koreáról) 불가리아 동지들이 제안하였음(bolgár elvtársak felvetették). 이 불가리아의 제안에 베트남 측은 동의하였고, 공동 성명서에서 조국의 평화적, 민주적 재통일을 향한 정의로운 북한의 노력을 상호 지원한다는 부분은 빼버렸음(ki is hagyták a KNDK-nak a haza békés, demokratikus újraegyesítésére irányuló igazságos törekvését kölcsönösen támogató részt).

라오스에서 불가리아-라오스 공동 성명서 문안 합의 시, 라오스 동지들은 불가리아-라오스 성명서에 북한과 관련된 이러한 부분을 포함시키자는 제안을 하였음. 레 트랑 동지는 이에 대해 흥미롭다 (érdekes)고 언급했는데—많은 것을 시사한다고(sokatmondóan) 본인은 여기고 있음—불가리아 동지들이 라오스에서는 이와 관련된 하노이에서의 제안을 반복하지 않았으며, 오히려 이와 관련하여 라오스의 제안에 동의했다는(egyetértettek a laoszi felvetéssel) 것임. /후자와 관련하여 하노이에서 응웬 고 탁(Nguyễn Cơ Thạch)과 호앙 빅 선

(Hoàng Bích Sơn) 동지가 하지(Házi) 동지 앞에서 했던 다음의 발언에 주목해 볼 만함. 외형적으로는 종종 라오스와 베트남은 몇몇 국제적 문제에 있어서 입장이 서로 일치하지 않는 것처럼 보임. 하지만 이것은 단지 외형상이며 가끔씩 드러나는 이것은 단지 전술상의 필요(csak taktikai szükségszerűség)에 의해 나타나는 것임./

- 416 - K. -

문서번호: 마이크로필름(Microfilm) 롤(Roll) 번호: 53701.
　　　　　프레임(Frame) 번호: 2007 0000 1905 - 2007 0000 1906
발　　신: 주(駐) 북한 헝가리 대사관. 평양, 1979년 11월 1일.
기밀등급: 1급 기밀

기밀전문 (REJTJELTÁVIRAT)

제목: 남한의 사건들에 대한 북한의 평가

　　현지 동독(NDK) 대사에게 리종목(Li Csong Mok) 동지가 말하길,

　　1./ 박정희가 제거됨(Pak Csong Hi likvidálása)은 북한에게 있어 좋은 소식(jó hír)임.

　　2./ 그들은 이것이 한 개인의 일이 아니라(nem egy személy dolga) 어떤 이익집단(érdekcsoport)의 과업이며, 그 목적은 독재적 관계의 유지(diktatórikus viszonyok fenntartása)와 남한 정권의 구제(dél-koreai rezsim megmentése)였다고 확신함.

　　3./ 남한에서는 박정희 없는 박정희 독재(Pak Csong Hi nélküli pak csong hi-diktatúra)가 계속 이어지는 것이 아닌, 인민 봉기가 필요(népi felkelésre volna szükség)할 것임.

　　4. 최규하(Csö Kju Há)는 좋은 관료(jó hivatalnok)이기는 하지만 지

도자로서는 적합하지 않음(nem alkalmas vezetőnek). 짐작컨대, 군에 서 전권을 건네 받을 것임(a hadsereg veszi át a teljhatalmat). 이 사건 에서 미국의 역할은 어떤 것으로 짐작할 수 있느냐는 동독 대사의 질문에, 북한의 파트너는 의견을 표명하지 않음(nem nyilvánított véleményt). 동독의 다른 외교관들과 다른 친선 국가들의 외교관들은 그들의 북한 파트너와 나눈 대화들에서도 유사한 내용을 경험함. 북 한의 대표자들과 판문점의 폴란드의 대표단의 일치되는 의견에 따르 면, 비무장지대 주변은 평온하다고 함(demarkációs vonal környékén nyugalom van).

- 223 - E. -

문서번호: 마이크로필름(Microfilm) 롤(Roll) 번호: 53701.
　　　　　프레임(Frame) 번호: 2007 0000 1907 - 2007 0000 1908
발　　신: 주(駐) 북한 헝가리 대사관. 평양, 1979년 11월 2일.
기밀등급: 1급 기밀

기밀전문 (REJTJELTÁVIRAT)

제목: 남한의 사건들에 대한 북한의 평가

　11월 2일, 소련 대사를 방문함. 그의 의견에 따르면 그 역시도 박정희 암살과 관련하여, (빠르게 대응하지 않고) 예의주시하는(kivárásra épülő) 북한의 입장은 성급한 의견표명으로 남한 국민을 오도(誤導)하지 않게 하기 위한 것(nehogy elhamarkodott vélemény- nyilványítással dezorientálja a Dél-Koreában lévő rezidenseit)으로 설명할 수 있으며, 한편으로는 이로써 미국과 양자회담을 시작하는데(kétoldalú tárgyalások megkezdésére) 있어 준비가 되었다는 것을 보여주고자 하는 것임. / 북한은 미국 상원 의원들(amerikai szenátorok)을 평양 방문으로 초청하였음/.

　크리울린(Kriulin) 동지는 북한의 관리들이 이 주제와 관련하여 본질적인 대화로부터 움츠러들며(elzárkóznak), 단지 그들은 언론에 발표된 것들로 한정한다고(csak a sajtóban publikáltakra szorítkoznak) 전함.[32]

---

[32] 북한 언론에 발표된 것 이상의 것들에 대해서는 북한의 관리들이 발언하지 않음.

참고: 김일성 동지는 (11월) 1일에 있은, 기니비사우(Bissau-Guinea)[33] 대통령의 (방문) 축하 만찬 중 행한 건배사(乾杯辭, poháгköszöntő)에서 남한의 사건에 대해 어떤 발언도 하지 않았음(említést sem tett a dél-koreai eseményekről).

- 228 - E. -

---

[33] 비사우(Bissau)가 수도인 아프리카 북서부 연안의 국가.

문서번호: 마이크로필름(Microfilm) 롤(Roll) 번호: 53701.
　　　　　프레임(Frame) 번호: 2007 0000 1909 - 2007 0000 1910
발　　　신: 주(駐) 일본 헝가리 대사관. 도쿄, 1979년 11월 6일.
기밀등급: 1급 기밀

기밀전문 (REJTJELTÁVIRAT)

제목: 남한 대통령의 사망에 대한 일본의 의견

　　조총련(Japánban élő koreaiak szövetsége) 의장인 한덕수(Han Duk Szu) 동지의 안내에 따르면 미국 CIA의 협력으로(amerikai CIA közreműködésével) 박 대통령이 암살되었을 가능성이 아주 높다(igen valószínű)고 함. 그에 따르면 점점 더 독재적인 통치(diktatorikusabb uralma miatt)로 인해 미국인들에게 박정희는 불편한 존재가 되었고 (kényelmetlenné vált), 그들에게 항상 고분고분 하지만은 않은(nem mindenben engedelmeskedett) 것 또한 불만이었음.

　　한 동지에 따르면 가까운 미래에 남한에서 근본적인 변화(lényeges változás)는 기대할 수 없는데, 왜냐면 아주 작은 가능성(igen csekély a valószínűsége)이지만, 만약 시민 야당 세력이 권력을 쥔다고 해도 마찬가지로 친미적인 정책을(amerika-barát politikát) 취할 것이기 때문임.

　　남한에서는 당분간 권력이 군대의 손에(hadsereg kezében) 유지되겠지만, 야당에 대해서는 이전보다 더 유연(korábbinál nagyobb rugalmasság)하게 대응할 것이라고 일본의 신문기자들이 판단함. 또한 남베트남(Dél-Vietnam)에서 독재자 지엠(Diệm)의 사망 이후 이어진 상황과 유사한 혼란의 상황(zürzavaros állapoto)이 조만간 남한에서 초래될 것에 대해서도 그 가능성을 일축하지는 않음.

- 155 - K. -

문서번호: 마이크로필름(Microfilm) 롤(Roll) 번호: 53701.
　　　　　프레임(Frame) 번호: 2007 0000 1911 - 2007 0000 1912
발　　　신: 주(駐) 북한 헝가리 대사관. 평양, 1979년 11월 9일.
기밀등급: 1급 기밀

기밀전문 (REJTJELTÁVIRAT)

제목: 남한 상황에 대한 북한의 의견

　　11월 7일, 하지(Házi) 동지의 안부인사에 화답하며, 올해 헝가리 방문을 아주 유익하고 성과 있었던 것으로 평가한 리종목(Li Csong Mok)을 접견함. (헝가리 외무성과의) 협의(konzultáció)와 관련하여, 특히 뿌여(Puja) 동지와 나누었던 대화의 허심탄회한 어조를(őszinte hangvételét) 그는 높이 평가했음.

　　부다페스트에서 전한 그의(리종목의) 안내 이후, 지난 시기에 대해서도 특징적인 것은 북한의 내부 상황이 굳건(안정, szilárd)하다는 것이라고 함.

　　김일성 동지는 7개년 계획(7 éves terv)의 목표와 관련하여 경제 건설 과업을 현장지도(helyszínen irányítsa)하고자 계속해서도 많은 지역을 방문함. 올해 인민경제 계획의 상당한 조기 달성(jóval határidő előtti teljesítés)과 초과 성과(túlteljesítés)를 위해 갖은 노력을 다하고 있음.

남한 상황에 대한 관심에는 다음과 같이 전함.

박정희가 제거됨(Pak Csong Hi likvidálása)은 우연이 아니었음(nem volt véletlen). 남한에서는 위기 상황(válságos helyzet)이 형성되었었음 /움직이기 시작한 학생들(Diákmegmozdulások), 야당의 결연한 등장 등/. 박정희 살해는 남한 민주주의에 대한 갈망과 조국 통일 과업의 관점에서 유리한(kedvező) 사건임. 진보적인 세계의 여론과 심지어 부르조아 언론(burzsoá sajtó) 또한 이렇게 평가하고 있음. 박정희 이후 남한 상황의 전개는 불확실함. 권력은 현재 군 지도부가 장악하고 있음(katonai vezetés kezében van).

사건의 배후에는(Az események hátterében) 미국이 있음. 독재가 일정 정도(valamelyest) 약화될 수는 있지만, 미국이 남한에서 그들의 역할을 포기하려고 하지 않기에—공무를 수행하는 미국인들(hivatalos amerikai személyiségek)의 표현에 따르면—, 이는(독재의 일정 정도 약화는) 단지 그 결과일 가능성이 높음. 반면, 현상들에 따르면 민주 진영은 계속하여 투쟁을 하고 있음. 예를 들면, 신민당의 당수 김영삼(Kim Jong Szan)은 자유선거와 새로운 민주 헌법을 요구함 /이 활동이 평가절하 되어서는 안 됨/. 전 세계와 마찬가지로 북한 또한 남한의 사태에 대해 면밀히 주시하고 있음.

외무성 부부장(Külügyminiszter-helyettes)은 헝가리 언론과 통신사에게 남한의 사건들과 관련하여 지금까지 밝힌 그들의 견해에 대해 감사를 표함.

통역 없이 40분간 이루어진, 진솔하고(közvetlen) 우호적인 대화 중
리종목 동지는 여기 현지 본인의(헝가리 대사의) 과업과 요청사항의
수행에 도움을 줄 것임을 약속함.

- 223 - E. -

문서번호: 마이크로필름(Microfilm) 롤(Roll) 번호: 53701.
　　　　　프레임(Frame) 번호: 2007 0000 1913 - 2007 0000 1914
발　　신: 주(駐) 일본 헝가리 대사관. 도쿄, 1979년 11월 14일.
기밀등급: 1급 기밀

　　　　　　　　　기밀전문 (REJTJELTÁVIRAT)

제목: 남한 상황에 대한 일본의 의견

　일본의 지도급 외무 관료(vezető japán külügyi tisztviselő)에 따르면,
현지 (일본) 외무성에서는 남한 상황의 지속되는 전개에 대해 낙관
하고(bizakodóak) 있음. 박(정희) 암살 이후 권력 접수는 큰 혼란 없
이 진행되고 있으며, 정치적 격변 없이 보다 자유성향의(liberálisabb)
정치적 과정으로 전환될 것이라는 희망을 견지하고 있음.

　북한과 연관된 관계에 대해, 일본은 이론적으로는 관계를 확장하
는 데 적기라고 보고(időszerűnek látná) 있지만, 남한 정부 역시 동의
를 하는 경우에만(egyetértene) 이러한 조치를 취할 수 있을 것임. 하
지만 당분간 남한이 (동의를) 거부하는 상황에서(dél-koreai elutasító
álláspontban)는 변화가 없을 것임.

　　　　　　　　　- 159 - K. -

문서번호: 마이크로필름(Microfilm) 롤(Roll) 번호: 53701.
　　　　　프레임(Frame) 번호: 2007 0000 1915 - 2007 0000 1918
발　　신: 주(駐) 소련 헝가리 대사관. 모스크바, 1979년 11월 15일.
기밀등급: 1급 기밀

기밀전문 (REJTJELTÁVIRAT)

제목: 남한 상황에 대한 소련의 의견

　소련 연방 외무성의 담당 부서에서 진행된 협의(konzultáció)에 기초하여 다음의 사항을 보고함.

　소련의 동지들에게 남한에서 벌어진 일련의 일들은 전혀 뜻밖의 사건들이었음(váratlanul érintették). 박정희 살해를 아주 큰 사건으로 여기고 있으며 이러한 일들이 발생할 수 있다는 것을 이전에는 상상하기 어려웠음(korábban nehéz volt elképzelni).

　이 사건은 물론 우연한(우연히 발생한) 작품(nem véletlen műve)은 아니며, 조직되었고(szervezett), 조정된 행위(összehangolt akció)라는 것에 대해 증거하고 있음(tanúskodik). 미국의 인지와 CIA의 개입으로 (az amerikaiak tudtával, a cia beavatásával) 전개된 이 사건(akció)은 일정 집단이 지속적으로 박정희 류 통치 행위(pak csong hi-féle vezetés ténykedése)의 심각한 결과(súlyos következményeit)를 국지화하고자 (lokalizálják) 그 방법을 찾았던 결과임. 어떠한 경우든 개인적인 적대

○ ○ ○ ○ ○ ○ ○ ○ ○ ○ ○ ○

감(személyi ellentétek)의 결과로 사건이 초래되었다고 가릴 수는 없음. 미국 대사가 그 즈음(akkortájt)[34] 워싱턴을 방문했고, 서울로 돌아온 이후 지역의 정보부 책임자와(helyi hírszerző hivatal vezetőivel) 여러 번 개인적인 만남(több személyes találkozó)을 가졌던 것은 미리 계획되었고, 잘 짜여진 행동에 대한 것임을 확인시켜주고 있음. 이모든 것은 남한에서 주목할 만한 심각한 정치적 위기(megfigyelhető súlyos politikai válság)에 대해 증거하고 있음.

현재 권력관계에 대한 판단은 아주 어려움. 각각의 군인 조직들의 권력 경쟁(Különböző katonai csoportosulasok hatalmi vetélkedése)이 있으며, 모든 것은 현지 정보부의 감독을 벗어나 있음(az ottani hírszerző hivatal ellenőrzése mellett). 일정의 조직들은 미국과 긴밀한 관계(szoros kapcsolat)를 맺고 있음. 3만 8천 명의 미군이 이 지역에 운용되고 있다는 것은 역시나 미국의 감독이 이 권력 경쟁을 둘러싸고 있다는 것을 증명함. 미국은 남한에서 지금보다 더욱 자유롭고(liberálisabb), 민주적이며(demokratikusabb), 번듯한(szalonképesebb) 정부가 권력을 가지는데 관심이 있으며, 이는 아마도(feltehetően) 실현이 될 것임.

남한에서는 지금까지도, 그리고 앞으로도 혁명의 상황(forradalmi helyzet)은 발생하지 않는다는 것이 소련의 판단임. 임시 군사 위원회(ideiglenes katonai tanács) 운영의 주요 과업 중 하나는 새로운 헌법 구

---

[34] 박정희 전 대통령 시해사건이 발생할 즈음.

상 작업(új alkotmány-tervezet kidolgozása)인데, 왜냐면 이전 헌법은 전적으로 독재자의 의도에 따라 만들어졌기 때문임. 실제적인 권력 운용에서 가장 중요한 역할은 현재 국무총리(miniszterelnök)[35], 군 사령관(katonai erők parancsnoka), 그리고 보안 최고 담당자(biztonsági szolgálat főnök)가 맡고 있음.

독재자의 사망 이후, (소련) 외무성에서 모스크바의 북한 대사를 두 차례에 걸쳐 외무차관 급으로(külügyminiszter-helyettesi szinten) 접견했음. 대화 중 얻은 인상에 기초하자면, 북한은 이 사건을 아주 신중하고 차분하게(meggondoltan és nyugodtan) 받아들임. 아마 그들에게도 이 사건은 돌연적으로 발생한 것(őket is váratlanul érték a fejlemények)이며, 언론에서 (이미) 발표한 정보 외에 그들도 특별한 정보를 가지고 있지 않음.

북한은—대사의 안내에 따르면—소련과 의견을 같이하며, 소련 언론에 발표된 것에 동의함.

북한의 언론에서 발표한 사설(szerkesztőségi cikk)들로부터, 그리고 각각의 성명서들에서 소련의 동지들은 아래의 결과들을 추론함(vonták le).

---

[35] 수상(首相).

- 몇 달 동안 그간 중단된 남북 회담이 지속될 수 있도록 북한 측의 분명한 노력(határozott törekvés)을 볼 수 있었음.

- 비무장지대(demarkációs vonal)에서 군사적 충돌(fegyveres konfliktus)이 중지될 수 있도록 노력을 기울임.

- 북한은 양국 모두에서의 국내적 결속(konszolidáció)을 원하는데, 이 주장은 기존의 것과는 달리 새로운 것이며, 이는 마오이즘(maoizmus)의 강화를 반영하는 것이고, 전체 한반도에서 긴장완화의 방법을 모색하고, 평화와 민주적 통일을 원하고 있는 것임.

- 북한은 통일의 가장 주된 걸림돌 중 하나를 일본에서 찾고 있음(kndk az egyesítés egyik fő akadályát japánban látja). 일본은—그들의 의견에 의하면—현재의 상황 역시 통일 방해를 위한 노력에 이용하고 있음. 북한에 따르면 통일의 과정은 오직 다른 나라의 개입 없이(csak más országok beavatkozása nélkül) 이루어질 수 있다고 함.

남한의 사건과 관련한 중국의 반응에 대해서 소련 동지들은 중국이 현재(egyelőre)—미국과 일본과는 다르게—수동성을 보이며(passzivitást mutat), 이 주제에서는 국제적인 언론에 게시된 각각의 기사들을 수용하는 것만으로 (그들의 의견, 반응 등을) 제한하고 있음.

= 삔띠르 듈러(pintér gyula) 517 =

○ ○ ○ ○ ○ ○ ○ ○ ○ ○ ○ ○

문서번호: 마이크로필름(Microfilm) 롤(Roll) 번호: 53701.
　　　　프레임(Frame) 번호: 2007 0000 1919 - 2007 0000 1920
발　　신: 주(駐) 북한 헝가리 대사관. 평양, 1979년 11월 20일.
기밀등급: 1급 기밀

기밀전문 (REJTJELTÁVIRAT)

제목: 남한 상황에 대한 북한의 의견

　소련 대사는 다른 질문과 관련하여 11월 12일에 허담(Ho Dám) 동
지를 찾았는데, 허담 동지는 질문에 답하며 말하길, 『노동신문(Nodon
Szinmun)』의 남한 상황 관련 9일 사설은 정치국이 승인한 것(PB hagyta
jóvá)이라고 했음. 기사의 목적은 안정 강화(결속, konszolidáció)이며,
남한에서 계속된 동조세력(szimpatizánsok)을 확보하는 것이었음. 그
에(허담에) 따르면 기사에 쓰여진 내용에 대해 공식적인 남한의 반응
은 기대할 수 없는데, 왜냐하면 (남한에서는 현재) 실제적인 권력을
손에 쥐고 있는 그런 인물이 없기 때문임. (기사의 내용에 대해 남한
으로부터) 회신을 받을 수 있는 누군가가 없음(Nincs kitől választ
kapni).

　조선로동당의 평가에 따르면, 남한에서 누가 권력에 이를 것인지
는 모르지만 "이름뿐인 대통령을 선출하는 선거임에도 불구하고 군대
의 통치―5년까지도―가 권력의 실제적인 주인이 될 것이라는 가능
성에 대해서도 열어두고 있음(nem zarható ki annakalehetősége sem,

hogy névleges elnök esedékes megválasztása ellenére is a katonai vezetés
- akár 5 évig - lesz a hatalom tényleges gazdája)" /소련 대사는 후자의
이 견해가 비현실적인 것은 아니라고(nem irreális) 평가함/.

정치국(PB) 위원 중 한 명/김환(Kim Hván)/으로부터 입수한 폴란
드 대사의 정보가 상기사항을 보충하는데, 이에 따르면, 만약 남한에
서 이 사건들 뒤에 미국이 몸을 도사리고 있다는 것이(USA huzódik
meg) 보인다 하더라도 북한은 이를 긍정적으로 평가함(KNDK pozitívan
értékeli). 북한에서는 1972년 7월 4일의 남북공동성명(közös nyilatkozat)
에 명시한 통일의 원칙들이 불변임(ország-egyesítési elvei változatlanok).
『노동신문』의 기사에서 연방제(konföderáció)에 대한 이야기는 없지
만 이와 관련된 (북한의) 제안은 유효함(érvényben van). 김환에 따르
면 남한 주민의 대다수는 "김일성의 주도로 국가 통일의 실현을 원함
(Kim Ir Szen vezetése alatt akarja megvalósítani az ország egyesítését)".

친선국가의 공관 담당자들이 북한의 관계자들과 나눈 지금까지의
대화에 기초해서 말할 수 있는바, 남한 대통령 선거에서 잠재적으로
등장할 수 있는 인물(potenciálisan számbajöhető személyek)과 관련하
여 당과 국가의 지도자들은 서로 상충되는 의견을 가지고 있음
(egymásnak ellenmondóan vélekednek).

- 243 - E. -

문서번호: 마이크로필름(Microfilm) 롤(Roll) 번호: 53701.
          프레임(Frame) 번호: 2007 0000 1921 - 2007 0000 1926
발 신: 주(駐) 일본 헝가리 대사관. 도쿄, 1979년 11월 21일.
기밀등급: 1급 기밀

기밀전문 (REJTJELTÁVIRAT)

제목: 남한 상황에 대한 일본의 의견

박정희 대통령 암살 이후 남한에서 발생한 새로운 상황과 그 추이에 대해 일본에서는 특별히 주목하고 있음(különleges figyelem kíséri). 매스컴은 매일 자세하게 남한의 사건들을 다루고 있으며, 이는 (언론이 다루는 내용은) 외교 단체(diplomáciai testület) 내부에서, 그리고 일본 외무성의 관료들과 나눈 대화들(japán külügyi tisztviselőkkel folytatott beszélgetések)의 전면(前面)에서(homloktérében) 드러나고 있음.

강도 높은 일본의 관심은 한반도의 지정학적 근접함으로(földrajzi közelségére), 그리고 일본의 전략적(stratégiában), 외교적 정책에서(külpolitikai doktrínában) 남한에 부여된 상당한 중요성으로 인해 자연스럽게 이해할 수 있는(magától értetődik) 부분이며, 남한의 경제가 일본에 매여 있다는(Japánhoz kötik), 특히나 밀접하고 긴밀하게 엮인 (경제) 관계들은 말할 필요도 없는 것임. 일부는 남한 경제를 직접적으로 '일본의 자회사(japán leányvállalatnak)'로 여김. 동시에 역사적,

그리고 정치적 이유로부터 시작해서 일본의 정치적 실재와 영향은 일본의 독점자본(monopoltőke)이 한국 경제에서 수행하는 결정적 무게감(meghatározó súly)과 역할에 대해 절대 무시할 수 없는 비율임(távolról sincs arányban). 남한의 군대, 정보부, 일반적인 국가체제(államgépezet)는 마찬가지로 미국의 독점적인 감독과 후원하(Egyesült Államok szinte kizárlagos ellenőrzése, gyámkodása alatt)에 있다는 것은 모두 알고 있는 비밀(nyilt titok)임. 일본의 관련 당국들(felelős japán tényezők), 외무성의 담당 부서들 또한 전혀 준비되지 않은 상황에서 맞닥뜨린 이 사건을 큰 충격으로 받아들이는 동안 미국의 지도층에서는 박 독재자가 제거됨에 특별하게 놀랄 필요가 없었다는 것은(nem keltett különösebb meglepetést) 여러 요인들 중에서 상기한 것으로 설명 가능하며, 게다가 어떤 정보에 따르면 암살에는 미국 CIA의 역할 또한 있었다고(egyes információink szerint abban az amerikai CIA-nek is szerepe volt) 함.

충격, 놀람과 더불어 (일본은) 염려스러워 함(aggodalommal párosult). 일본 정부는 한편으로는 북한이 박의 죽음으로 초래된 '권력의 진공 상태(hatalmi űrt)'를 대남 군사 활동 시도로 이용하는 것을, 다른 한편으로는 남한 권력층에서 발생한 알력과 혼동이 더해져 대중들은 오히려 불만을 표출시킴으로써 남한이 조만간 제2의 남베트남(második Dél-Vietnam)으로 되지 않을까 두려워 함.

모스크바와 베이징의 일본 대사들은 있을 지도 모르는(esetleges) 북한의 군사 행동을 예방하기 위해 소련, 혹은 중국의 중재를 요청하며 주재국 외무성의 고위급에서 일본의 입장을 철저히 표명하라는(fejtsék ki Japán álláspontját) 훈령을 받음(nagykövetei utasítást kaptak). 일본 외무성의 고위 관료는 우리 앞에서 밝히길, 일본의 이런 외교적 조치에 대한 모스크바와 베이징의 반응은 모두 '긍정적(pozitív)'이었음. 일본 외교관들의 대화에 기초해서 받은 인상은, "소련도, 중국도 모두 아시아의 새로운 분쟁다발지점(feszültséggóc)이 발생하는 것에 대해서 무관심(nem érdekelt)"임. 미군 정찰 자료들에 따르면(amerikai katonai felderítés adatai szerint) 북한은 확고한 침략 의도를 나타내는 군사적 조치(katonai intézkedések)를 실시하지 않았다는 점도 일본의 지도층이 안심할 수 있는 데 영향을 주었음(megnyugtatólag hatott).

남한 내부의 추이(délkoreai belső fejlemények)와 관련해서, 일본의 정치와 언론계는—처음의 난감하고 혼동의 상황 이후—남한 군대의 주도가 남한의 실제적인 주체(az ország tényleges ura, 국가의 실제적인 주인)로 된 것, 최소한 표면적으로는(legalábbis látszólag) 쿠데타 시도(államcsínykísérlet)와 거리를 두며, 처음의 동요 이후 그들의 통일성, 조직성, 그리고 전투력을(egységét, szervezettségét és ütőképességét) 유지한 것에 대해 만족과 더불어 안심하는 바임.

질문에 응답한 일본 대중 신문 기자들은 박정희가 (정치의) 전면에서 밀쳐냈고(háttérbe szorított), 일부 박해를 받기도 한(üldözött) 시민 야권(polgári ellenzék)의 지도자들이 정부 도당(klik)과의 협력적 경향을 보이는 성명들을 내고 있으며, 더욱이 새로운 대중운동들(újabb tömegmegmozdulások)이 펼쳐지고 있지 않은 것도 '긍정적인 요인으로서(Pozitívumként)' 지적하였음. 지난 며칠간의 사건들, 유신 헌법 수정에 대한 발표(Yushin alkotmány módosításának a bejelentése), 그리고 시민 야권과 여당 지도자들 사이의 회담에 기초해서, 일본 정치 전문가들의 판단에 따르면 박정희 없이 현재의 시스템이(체제가) 이행될 가능성(lehetőség van a fennálló rendszernek Pak nélküli átmentésére)이 있음. 반면, 물론 미국의 경우에도 해당되겠지만, 직접적인 위험(közvetlen veszély)이 일본의 경제적, 정치적, 그리고 군사적인 이익들을 위협하지는 않음.

일본 외무성의 판단에 따르면, 마찬가지로 남한 정부가 큰 소동 없이(nagyobb megrázkódtatások nélkül) 조금 더 자유주의적 정치 과정(egy liberálisabb politikai kurzus)으로 전환되는 데는 몇 가지 조건들이 있음. 완곡하게 '완화된 민주주의(mérsékelt demokrácia)'로 이름 붙인 새 정권은 군대의 실제적인 영향력과 (군대가) 무대 뒤에서 감독하는 역할을 유지하는 것 외(hadsereg tényleges befolyásának és a szinfalak mögötti ellenőrző szerepének megőrzése mellett)에, 박정희 류의 무자비한 독재에 대한 청산(Pak féle kegyetlen diktatúra kilengéseinek felszámolása) 및 체제 권력의 기초 확대(rezsim hatalmi bázisának kiszélesítése)를 위해 시민 민주주의의적 자유권(polgári demokratikus szabadságjogok)을 좁게 한정하는 것들 사이에서 발생하는 (법과 행정적 집행에 대한) 효력있는 활동을 (이 조건들은) 의미할 것임

(érvényesítését jelentené). 앞서 언급한 외무성의 출처에 따르면 '완화된 민주주의(mérsékelt demokrácia)'가 가까운 미래에 시민 야권 정부(polgári ellenzék kormány)로 이르게 된다는 것을 의미하는 것은 절대 아닌데(semmiképpen sem jelentheti), 이는 군대(hadsereg)가 이 것을 가장 강력하게 반대하기 때문임.

일본의 외교관들은 남한 상황의 국제적인 영향(nemzetközi kihatásai)을 분석하며, 박정희 사망으로 두 개의 코리아 사이에서 (긴장) 완화 과정(enyhülési folyamat)의 조성을 위한 '한 장애(egyik akadálya)'가 없어졌다고 전함. 남한 상황이 안정될 시(délkoreai helyzet stabilizálódása esetén) 남북한 사이의 대화가 재개될 가능성이 열릴 것으로 판단하고 있음.

이미 언급한 일본 외무성의 관료에 따르면 일본은 (지금이) 일본-북한 간의 관계 발전의 적합한 시기라고 여기지만(időszerűnek tartaná), 이는 현재(egyelőre) 북한을 외교적으로 인정하는 것을(KNDK diplomáciai elismerését) 의미하는 것은 아님. 미국의 입법부에서(amerikai törvényhozásban) 북한과 관련된 접근을 지원하는 그룹의 출현은 일본 외무성이 주목하지 않을 수 없는데, 그럼에도 (noha nem kerülte el a japán KÜM figyelmét) 새로운 남한의 체제와 남한 정치에서 결정적 중재자인 미국 행정부(döntő szóval bíró amerikai adminisztráció)도 북한과 관련된 관계라는 점에서 일본이 변화를 준비할 수 있는, 즉 어떠한 표시(tanújel)도 주지 않았음. 한반도 문제에 있어서(koreai kérdésben)

단기간에(rövid távon) 변화는 기대할 수 없음.

영향력 있는 일본 대중 신문의 기자에 따르면 일본은 만약 남한과 북한 사이에—상호 외교적 인정(diplomáciai elismerés)의 결과로서—느슨한 연방 관계(laza konfederációs kapcsolatok)가 형성된다면 결국 이를 기꺼이 받아들일 것임(végsőfokon szívesen venné). 이러한 해결은 현상 유지(status quo fenntartás)를, 일본 경제와 전략적 이익의 안정을 가져오는 동시에 지역 안정(térség stabilizálása)에 기여하고 남한의 군사비 지출 감소(katonai kiadások csökkentése)를 가능하게 할 것인데, 이 군사비 지출 부담을 간접적(közvetve)이지만 일부는 일본이 부담하고 있음.

일본 외무성은 조심스럽게 "국고(國庫)의 낙천주의(kincstári optimizmusával)"와는 반대로 여러 정치 전문가가 남한 경제의 익히 알려진 어려움들(délkoreai gazdaság ismert nehézségei), 대중의 불만(tömegek elégetlensége), 권력 관계들의 불명확성(hatalmi viszonyok tisztázatlansága) 때문에 서울의 정치적, 사회적 (진행) 과정은 앞을 내다볼 수 없는 요소들(nem kiszámítható elemek)을 가지고 있다고 동시에 지적함.

서명
꼬쉬 뻬떼르 박사(Dr. Kós Péter)
대사(nagykövet)

문서번호: 마이크로필름(Microfilm) 롤(Roll) 번호: 53701.
　　　　　프레임(Frame) 번호: 2007 0000 1927 - 2007 0000 1932
발　　　신: 주(駐) 북한 헝가리 대사관. 평양, 1979년 11월 22일.
기밀등급: 1급 기밀

제목: 박정희 암살에 대한 북한 내부의 반향

　남한 독재자의 암살(dél-koreai diktatúra meggyilkolása)은 북한의 지도자들에게는 의외의 사건임(váratlanul érte el). 만약 이러한 일들이 발생한다 하더라도 그 누구도 야당 세력이 아닌, 바로 지배층의 고위급에서, 박정희에 가장 근접한 부하 중 한 명이 독재자를 퇴장시킨 것은 거의 생각지 못한 일이었음. 비공식적인 반응들(nem hivatalos reagálások)은 아래와 같은 일치함을 보이고 있음.

　1./ (암살을 위시한 일련의) 사건들에 대해서는 환영하는 바임(üdvözölték).
　2./ 지배층 내부에서 발생한 독재자의 고립과 최종적인 제거가 남한 체제의 위기 심화 및 (독재자 암살의) 일반적인 특징으로 거론(általános jellegére utal)된다는 것을 증명했음.
　3./ 사건들을 알린 언론에서는 경우에 따라 /미국/ CIA의 이해관계와 협조로(/amerikai/ CIA érdekeltséggel és közreműködéssel) 이 사건을 엮어 내는데, 이에 대해서는 의견을 삼가하고 있음(tartózkodtak).
　4./ 조심스럽게 예의주시하는 것(óvatos kivárás)이 이러한 비공식적 반응들의 특징임.

암살 후 거의 2주 후인 11월 9일, 노동신문 사설의 형태로 첫 중요한 공식적인 반응 /1.: 1065번과 1069번의 공개전문/이 등장했으며, 이를 이어, 이후 11월 21일에 미합중국이라는 표제로 실린 노동신문의 기사(Egyesült Államok címére szóló Nodon Szinmun cikk) /1112번 공개 전문/로써 새로운 상황과 관련된 두 번째 중요한 발표가 이어짐.

이 두 자료는 이미 숙고한 복안(átgondolt koncepció)을 반영하고 있는 듯 보임. 첫 번째 자료는 남한을 수신자(Dél-Koreának van címezve)로 한 자료로서 대화 재개 및 통일과 관련하여 이전에 제시된 구상과 제안들을 지금보다 "더 적합한 때는 없었다(soha nem volt időszerűbb)"라고 강조하며 반복하고 있음. 이번에도 마찬가지로 이 자료에는―논쟁의 여지가 있는 전략적 고려에서 행한다고 할지라도―마르크스주의의 계급관점에 기초해서 이의가 있을만한 요소들(marxista osztályálláspont alapján kifogásolható elemek)을 내포하고 있다는 것이 그 특징인데, 이는 소련 및 소련과 긴밀하게 협력하는 사회주의 국가들로부터 분명한 비판의 대상(konkrét bírálat tárgya)을 만들어내고 있음. /"바로 지금 그 시간이 도래(Éppen most jött el az idő)", "지금까지는 없었던 적기(敵機)(soha nem volt ilyen aktuális)", "이데올로기적, 사상적, 체제적인 차이를 넘어서야 하는(felül kell emelkedni az ideológiai, eszmei, rendszerbeli különbségeken", "과거를 잊어야 하는(el kell feledni a múltat)", "누가 진실이었으며, 누가 거짓이었는지를 다루면 안될 것 (nem szabad azzal foglalkozni, hogy kinek volt igaza, kinek nem)" 등등./

두 번째 자료는 미국의 군사적 조치들을 엄중한 톤으로(kemény hangnemben) 비판하면서, 차분하고 균형 잡힌 목소리로 북한이 군사적인 수단으로(katonai eszközökkel) 남한이 처한 상황을 이용할(kihasználni) 의사가 전혀 없으며, 오히려 이와는 반대로 미국과 양자 회담(kétoldalú tárgyalások)에 대한 의도를 재 확인하고 있음. 이 자료에서는 북한이 이전에 미국을 수신자로 한(USA-nak címzett) 제안들에서 등장하던 군사적 조치들의 나열이 눈에 띌 정도로(feltűnő módon) 부족함.

여기 (평양 주재) 소련 대사관의 참사(參事, tanácsos) 한 명은 이 두 번째 자료와 관련하여 제시된 의견을 피력하며, 이 자료의 작성자는 간접적인 방법으로(közvetett módon) 미군철수를 지지하는 남한의 민족주의자 세력에게도(dél-koreai nacionalista erőkre is) 영향을 주고자 했을 것이라는 견해를 보임.

위에 언급한 소련의 참사는 북한의 군인 층에서(KNDK katonai köreiben) 조바심(nyugtalanság)은 찾아 볼 수 없는 데다가 지금까지와는 다르게, 군대의 지도자들이 선전기관들(propagandaorgánumok)의 주장과는 다르게, 그리고 민간 정치인(civil politikus)[36]들과도 다르게 미국과 남한으로부터 군사적인 도발(katonai provokáció)이 있을 것으로 여기지 않고 있음. /지금까지는 이와 반대되는 특징을 보였음(Eddig ennek ellenkezője volt a jellemző). '민간인들(civilek)'이 더욱 객

---

[36] 전문적인 정치인이 아니라 민간의 신분으로 정치적인 역할을 담당하는 인물.

관적인(objektívabbak) 시각을 가졌으며, 군인들은 선전작업과 함께 (propagandával együtt) 군사적인 도발의 지속적인 가능성(katonai provokációk állandó lehetősége)에 대해서 주창했음/. 소련의 참사는 소련 대사관에서 11월 22일 주최한 군 인사(人士) 리셉션(katonai fogadáson)에서 북한 장교들과 나눈 대화의 결과로 이러한 판단에 이르게 됨. 한편 11월 19일 본인의 부임 인사차 방문 시에(bemutatkozó látogatásom alkalmával) 북한의 판문점 최고 대표자(a KNDK panmindzsoni fődelegátusa)인 한주경(Han Dzsu Gjong) 동지는 DMZ 지역에서 도발적인 현상들은 감지되지 않고 있다고 했음.

대통령 암살 이후 (남북) 대화와 통일 문제의 범주(országegyesítés problémaköre)는 새로운 형태로(új módon) 떠오름. 이곳 외교 클럽 (diplomáciai körök)에서는 이 문제가 의견교환의 대상으로 자주 등장함. 이와 관련하여 남한 체제의 지도자들이 현재는 이와 관련된 문제들을 다룰 시간이 없으리라는 것이 일반적인 의견의 일치(általános az egyetértés)이며, 게다가 북한의 동지들 또한 빠른 시일에 의미 있는 남한의 회담이 있으리라는 것은 비현실적이라고 여김(irreálisnak tartják). 한편 남한의 정보 또한 이를 재확인함(megerősíti). 중립국감독위원회(Semleges Ellenőrző Bizottság) 체코슬로바키아대표단 단장 (Semleges Ellenőrző Bizottság cseh tagozatának vezetője)으로부터 알게 된 바, 한 남한 고위 장교(magasrangú katonatiszt)는 그에게 던진 질문에 "북쪽의 제안과 관련된 업무가 가장 작은 염려일 정도이다. 한편 우리에게는—덧붙여 말하길—당의 제안인지 아니면 국가적인 제안

인지가 명확하지 않다(legkisebb gondjuk is nagyobb, semmint az északi javaslattal való foglalkozás. Egyébként sem világos számunkra - tette hozzá - hogy párt - vagy állami javaslatról van-e szó)."라고 답함.

　반면 남한 체제의 새로운 지도자들이 향후 대화에 대해 더 많은 유연성(több hajlandóság)을 보일 것인지, 아닌지에 대해서는 의견들이 나뉘어짐(megoszlanak a vélemények). 평양의 자본주의 국가 외교관들은/주로 인도의 외교관들/ 남한에서 주관적인 요소(szubjektív elem)들이 박정희 때보다는 역할이 더 적을 것이라는 의견인데, 남한의 독재자는 특별한 관료적 절차 없이도(különösebb bürokrácia nélkül) 가끔 미국이 추구하는 것과 일치하지 않는 것에 대한 결정까지도 할 수 있었고, 강행하려고 했었다는 것은 다들 아는 사실이기 때문임. 반면 이보다 더 중요한 것은 향후 물리적으로 존재하는, 인기 없는 한 개인(fizikailag létező és népszerűtlen személy)을 반대하는 하는 것이 아니라, 일반인들을 상대로 더욱 난해한 이념 혹은 정책(egyszerűbb emberek számára nehezebben felfogható eszme vagy politika)을 반대하는 방향으로 전개되고, 한 명의 분명한 개인이 아닌(nem egy adott konkrét személy) 어떤 조직(valamilyen testület)이 그것을 대표하게 된다면, 북한의 선전선동은 (일반 국민들에게) 별로 확신을 주지 못할 것임(kevésbé lesz meggyőző). 반면 그 조직은 아마도 바로 그 관료주의적 구조의 결과로써(maga bürokratikus mechanizmusa következtében) 더욱 거대한 규모로 미국의 의도와 제안에 의존할 것임(fog támaszkodni az amerikai sugallatokra, javaslatokra). 여기 현지 소련 참사의 의견에 따르면 한국에서 '강력한 인물(erős ember)'이 권력으로 등장하는 것이 미국의 이익에 부합되지 않으며(Egyesült Államoknak jelenleg nem áll érdekében), 한국에서는 미국에 더욱 종속된(jobban függő) 행정적 (관리-管理, adminisztráció) 역할을 할 수 있도록 미국은 노력할 것임. 허담(Ho Dam) 외무상은 최근 평양 현지의 소련 대사에게 예상되는 남한의 상황 변화와 관련하여, 그들의 의견에 따르면 군사정권의 지배가 오랫동안, 심지어 5년 동안(akár 5 évig is)이라도 남한에서 명분상의 대통령의 실재(névleges elnök jelenléte)와 함께 이어질 수 있다고 말함. 소련 대사에 따르면 이 의견은 근거가 있는 것으로 보인다고 함(megalapozottnak tűnik). 실재로 이러한 인식 역시 (남북)대화와 남북의 의미 있는 접촉 문제가 향후에는 더욱 더 미국의 이익과 미국의 노력에 달려 있을 것(jövőben sokkal jobban függeni az amerikai érdekektől és törekvésektől)이라는 판단을 강화해주는 것으로 보여짐. 이러한 것들은 반론의 여지없이 통일과는 반대되는 방향으로 향하는 것이며(gyesítés ellen irányulnak), 두 개의 코리아라는 사실의 일반적 인정(két Korea tényének általános elismerése)을 촉진시킴. /122.번의 다른 루트를 통해 보낸 전문에서 언급했던 것에 따르면, 북한은 통일의 주요한 걸림돌(fő akadály)이 일본에 있는 것으로 보는데, 우리에게는 놀라운 진술(meglepő megállapítás)이며, 우리가 이에 대해 (충분한) 근거가 있는 것으로 보는 것은 아님(azt nem látjuk megalapozottnak)./

상기와 반대되는 전망들(fentiekkel ellentétes várakozások) 또한 평양의 외교 단체에서 나오고 있음. 주로 여기 현지의 체코슬로바키아 대사관에서 이를 대변함. 남한의 민주화 경향이 일정 공간을 확보할 수밖에 없는 필연성(szükségszerűség)에서 출발한 이 해석에 따르서, 남북한 사이의 이해 관계에 따라서 (남북한의) 접촉과 경우에 따라서 는 진일보(esetleges előrelépés)할 가능성이 크다고 보고 있음.

우리를 통해서도 보고된 바, 실제적 통일의 객관적 조건들(tényleges országegyesítés objektív feltételei)은 현재도 부재하며, 가까운 장래에 도 이에 대한 논의가 있을 것 같지 않다는 정세 판단이 일반적이라고 할 수 있음. 잘 알려진, 이미 거론을 했던 요인들 외에 무시할 수 없 는(nem elhanyagolható) 새로운 요인은 중국의 향후 행동 전개(kínai magatartás várható alakulása)임. 이미 이전의 관련된 여러 보고서에서 밝힌 바, 중국 지도자들의 관심사는 극동지역(távol-keleti térség)에 대 한 미국과 일본의 관심사들과 밀접하게 연결되어(szorosan kapcsolódnak) 있음. 중국의 거시적인 경제적 노력들(Kína perspektivikus gazdasági törekvései)을 주목해볼 때, 대단한 경제적 잠재력(jelentős gazdasági potenciál)과 현대적 기술·과학의 '정신적 자본(szellemi tőke)'들을 보 유하고 있는 남한이 중국 경제의 현대화(kínai gazdaság modernizálása) 에, 특히 일본과 미국의 자본과 협력하여 상호 이익을 노릴 가능성 (különösképpen a japán és amerikai tőkével együttműködve a kölcsönös profit csábító lehetőségei)이 (중국의) 인식에 중요한 역할을 할 수 있 을 것임. 이러하므로 향후 중국은 새로운 상황에서 더욱 조심스럽고 위선적으로(még óvatosabban és képmutatóbban) 북한의 제안들을 '지 원(támogatja)'할 것이며, 실제적으로 당분간은 간접적인 방법(közvetett

mód)으로 미국-일본이 추구하는 바가 강화될 수 있게끔 도울 것으로
전망됨.

서명
/에뜨레 샨도르(Etre Sándor)/
대사(nagykövet)

문서번호: 마이크로필름(Microfilm) 롤(Roll) 번호: 53701.
　　　　　프레임(Frame) 번호: 2007 0000 1933 - 2007 0000 1934
발　　신: 주(駐) 북한 헝가리 대사관. 평양, 1979년 11월 30일.
기밀등급: 1급 기밀

기밀전문 (REJTJELTÁVIRAT)

제목: 남한 상황에 대한 중국의 의견

11월 28일, 70년대 초반에 부다페스트에서 근무를 한 바 있는
(Budapesten teljesített szolgálatot), 평양 현지의 중국 대사를 임지 도
착 인사차 방문함(bemutatkozó látogatást tettem).

나의 관심에 대해 그가 말하길, 북한과 중국의 관계는 아주 좋으며
(nagyon jó), 날마다 발전을 거듭하고 생활의 모든 영역에까지(élet
minden területére) 확대되었다고 함. 특히 1978년 화궈펑(Hua Kuo-
feng)의 북한 방문 이후 그렇다고 함. 경제적인 면에서도 긴밀히 협
력하며, 한 예로, 최근에는 정유설비(olajfinomító)를 신의주(Szinidzsu)/
북한-중국 국경 도시/로 운송했다고 함.

대규모 경제 지원 외에도 중국은 북한에 <u>무상 군사 원조(térítés
nélküli katonai segély)</u>[37] 또한 제공함.

---

[37] 본문의 밑줄은 원문의 것을 그대로 옮긴 것이다.

　　남한의 상황에 대해서 대사는 말하길, 그의 생각으로 남한에는 그 누가 대통령이 된다고 해도 실제적인 권력(tényleges hatalom)이 현재 군사 지도체제(jelenlegi katonai vezetés)에 있을 것이라고 함. 남한에서 미군의 철수(amerikai csapatok kivonása)는 일어나지 않을 것으로 예상함. "카터(Carter)가 이를 실행하기에는 어려울 것(ezt nehéz lenne Carternak megtenni)"이라고 함.

　　헌법 수정과 관련하여, 다양한 이전 법령들을 개정하는 경우에도 통일과 관련하여 실제적인 진일보(tényleges haladás)한 결과가 한반도에서 일어나리라고 기대하는 것이 비현실적(sem reális)이라고 중국 대사는 말함.

- 248 - E. -

문서번호: 마이크로필름(Microfilm) 롤(Roll) 번호: 53701.
　　　　　 프레임(Frame) 번호: 2007 0000 1935 - 2007 0000 1937
발　　신: 헝가리 인민공화국 외무성 제4 지역국, 써보 페렌쯔(Szabó
　　　　　 Ferenc). 부다페스트, 1979년 12월 6일.
기밀등급: 1급 기밀

제목: 현재 남한 상황에 대한 북한의 의견

　『노동신문』11월 21일자에 실린, 미국의 남한 간섭에 대한 힐난의 기사를 알려준 북한 대리대사(ideiglenes ügyvivő)가 방문을 요청함으로 11월 30일 그를 접견함. /기사의 내용은 평양 주재 아국(我國) 대사관의 공개 전문에서 보고되었으며, 일간지『인민의 소리(Népszava)』22일자에 짧게 요약되어 발표되었음./

　대리대사의 안내는, 미국인들이 남한에 정치적, 군사적으로 간섭(dél-koreai politikai és katonai beavatkozás)을 하고 있다는 것에 집중했으며, 이 때문에 남한 사회의 민주화(dél-koreai társadalom demokratizálódása)와 남북한의 대화 재개(két országrész párbeszédének újrafelvétele)가 진전되지 못하고 있다는 것을 지적함. 미국의 조치들과는 별개로, 그들의(북한의) 당과 정부의 입장은 남한에 군사적 수단들(katonai eszközök)을 동원하지 않으려는 의지가 변함없으며(változatlan), 앞으로도 평화적 해결 가능성들(békés megoldás lehetőségei)을 전면에 내세울 것임. 현재의 상황에서 그들의 목적은 '연대를 통해(összefogás révén)' 조국을 통일하는 것, 대화를 재개하는 것, 미군 철수를 이루며 미국의 간섭을 중지시키는 것(megszüntetni az amerikai beavatkozást)임. 이 모든 것을 위해 휴전 협정(fegyverszüneti egyezmény)을 평화조약(békeszerződés)으로 바꾸는 것에 관하여 미국과 회담을 하고자 함.

남한에서는 민주화를 요구하는 그룹(demokratizálódást követelők tábora)들이 광범위해지고(szélesedik), 성장하고 있음. 정부와의 대립(szembenállás)이 점차 커지고 있음. 이 상황에서 북한은 헝가리사회주의노동자당(MSZMP), 헝가리 인민공화국 정부, 사회와 대중조직들, 연대 위원회에 남한의 민주 세력과 공개적으로, 또한 매우 단호하게 연대를 이루고, 권력의 책동(hatalom lévők manőverei)에 대해 힐난하도록(ítéljék el) 요청함. /대리대사는 성명서와 호소문의 발행(felhívások kiadása)을 제안했음/.

안내에 감사를 표하며 남한의 상황을 분별 있게 판단(józanul megítélő)하고, 냉정한 견해(higgadt állásfoglalás)가 필요함을 전했음. 대통령 암살이 발생했을 시기에, 북한의 차분한 행동은 미국과 남한 지도층을 혼란하게 만들었음(zavarba hozta)을 언급했음. 정치적인, 그리고 주로 군사적인 조치들(katonai intézkedéseik), 과시들(demonstrációik)을 할 어떠한 이유도 없음. 짧게(néhány szóban), 미 제국주의의 현 상황이 세계 각 지역에서 전개되고 있는 것에 대해 부연 설명했음(részleteztem). 임시대리대사(ügyvivő)에게 현재에도 가장 복잡한(jelenleg is a legbonyolultabb) 반미 투쟁은 유럽에서 전개되고(Európában folyik)

있기 때문에, 미 제국주의에 반대하는 투쟁을 단지 AAA 대륙(AAA földrészek)38)에 국한시키는 것은 잘못이라는 점을 분명하게 강조했음. 미국이 유럽의 미사일 기지 계획을 실현하는 것은 한반도에서 남한 주도의 상황을 강화시켜주는 것이라고 지적했음. 나토(NATO)의 강화(NATO erősítése)를 원하며, 나토를 지원하는(NATO-t támogatják) 모든 이들이 남한을 강력히 지원한다는 사실에 대해 대리대사에게 주의를 환기시켰음.

남북한 문제와 관련해서 헝가리 언론의 활동에 대해 예를 들어가며 대리대사에게 알려 주었음. 헝가리 언론은 북한 관련 주제를 계속 다루고 있기에 성명을 따로 발표할 이유가 없음. 적절한 강조와 지면을 할애하여(Megfelelő hangsúllyal és terjedelemben) 남한 체제가 살아남도록 지원하는 시도들을 우리 헝가리는 비난하며, 남한의 민주화 열망을 알리는 데에도 헝가리 언론들은 지면을 할애(helyet adunk)할 것임.

부다페스트, 1979년 12월 6일

서명
(써보 페렌쯔, Szabó Ferenc)

---

38) 아프리카(Africa), 아메리카(America), 아시아(Asia) 대륙을 의미한다.

문서번호: 마이크로필름(Microfilm) 롤(Roll) 번호: 53701.
　　　　　프레임(Frame) 번호: 2007 0000 1938 - 2007 0000 1942
발　　　신: 헝가리 인민공화국 외무성 제4 지역국, 북한 담당 라뜨꺼이
　　　　　페렌쯔(Rátkai Ferenc). 부다페스트, 1979년 11월 13일.
기밀등급: 1급 기밀

제목: 현재 남한의 상황에 대한 북한의 반응과 입장.『노동신문』XI/7[39])의
　　　사설

　조선로동당 중앙위원회 기관지인『노동신문』11월 9일자 사설은
「민족의 해결책(출구)—협력, 연대, 그리고 통일(A nemzet kiútja - az
együttmüködés, összefogás és egyesítés)」이라는 제하(題下)로 박정희
남한 독재자의 죽음 이후의 상황에 대해 처음으로 입장을 발표했음.
기사의 전체 번역은 평양 주재(駐在) 헝가리 대사관에서 당일 공개
전문(nyilt távirat)으로 보고 했음. /첨부로/

　사설은 남한 체제가 심각한 위기(súlyos válság)에 있으며, 독재자
에 대한 암살은 그 결과(ennek eredménye)라는 북한의 입장을 명백
히 함. 오로지 (남한 정치) 체제의 즉각적이고 전체적인 철폐(azonnali
és teljes felszámolása)를 통해 이에 대한 탈출구(kiút)를 찾을 수 있을
것임. 남한의 민중들과 세계의 여론들 또한 이를 지지하는 바임.

---

39) 본 자료의 표지 제목에는 "11월 9일자『노동신문』"으로 기재되어 있으나, 본문의 제목
에는 "11월 7일자『노동신문』"으로 표기되어 있다. 본문에는 "『노동신문』11월 9일"로
되어 있는바, 본문의 제목에서 발행 신문의 날짜를 오기한 것으로 보인다.

북한은 사설에서 공개적으로(nyiltan) 미국을 공격하는데, 왜냐면 분단을 보장하는 정권(kettéosztottságot biztosító rezsim)을 유지하고자 하기 때문임. 이를 위해 자신들의 정치적, 그리고 군사적 활동으로 남한의 내정에 간섭하는 동안, 다른 이들은 이에 간섭하지 못하도록 함(másokat be nem avatkozásra szólít fel).

사설은 '협력과 연대'의 방법을 통한 통일을 지지하며, 이로써 "이념적, 사상적, 체제적인 차이(ideológiai, eszmei és rendszerbeli különbségek)를" "대 민족적 통합(nagy nemzeti konszolidációnak)"의 명제하에 둬야 함을 단호하게 강조함. 이를 위해 남한의 현재 권력층에 있는 구 체제의 대표자들 또한 포함하여 어떠한 남한의 세력들과도 토론할 준비가 되어 있음을 표명함(ennek érdekében kifejezik készségüket bármilyen dél-koreai erővel való tárgyalásra, beleértve a korábbi rezsim jelenleg hatalmon lévő képviselőit is).[40]

남북 간 군사적 대치 완화(Észak és Dél közötti katonai konfrontáció enyhítése)와 현재의 긴장 해소(feszültség feloldása)를 재촉함.

북한은 (남북)대화 재개를 제안(KNDK javasolja a dialógus felújítását)하며, 이를 위해 어디서든, 언제든 "통일을 원하는(egyesítést akarják)"/!/[41] 이들과 대화할 준비가 되어 있음.

---

[40] 이하 본문의 밑줄은 원문의 것을 그대로 옮긴 것이다.
[41] 원문의 사선부호 속 느낌표(/!/)는 문서 작성자가 강조함을 의미한다.

모든 외부 세력에 의한 간섭을, 이렇듯 '원양(遠洋) 국가(óceánon túli ország)', 즉 미국의 간섭을 거부함. '근해(近海) 국가들(közeli tengereken túli országokat)'은 남북한의 내정에 관한 간섭에서 자중할 것과 "분단이 장기화되도록 시도하지 말 것"(tartózkodjanak a koreai belügyekbe való beavatkozástól, és ne kíséreljék meg tartóssá tenni a kettéosztottságot,)을 경고함. 외부 세력들은 그들의 간섭이 자신들에게도 부정적으로 영향을 끼칠 것이라는 것을 염두에 둘 것!

사설은 남북문제의 해결을 아시아의 평화와 안전(ázsiai béke és biztonság)에 직결된(közvetlen) 문제로 연결시킴.

참조

1./ 북한은 독재자에 대한 암살 이후(diktátor-gyilkosságot követően)의 입장 표명(állásfoglalása közlése)에 15일을 기다림(15 napot várt).

2./ 남북한 문제의 해결에 있어 핵심적인 내용으로는(lényegében) 새로운 제안을 하지 않고, 현재의 남한 상황은 그 (문제 해결의) 성공적인 실현에 유리하다고 여기며, 이전의 제안들을 반복함(korábbiakat ismétli meg). 대화 재개에 대한 제안은 긍정적인 조치로서 여길 수 있지만(pozotív lépésként könyvelhetjük el), 이전보다 더 분명하게 이념적, 사회적, 체제적 차이(ideológiai, társadalmi rendszerbeli különbségek)를 '대 민족적 화합(nagy nemzeti konszolidációnak)'하에 두는 것은 부

정적(negatív)임.

3./ 사설에서 표명한 북한의 입장은 다시금 공개적으로(ismét nyiltan) 미국을 비판하며, 이렇게 간접적으로 미국과 공모를 하는 중국 역시 (Kínát is) 비판함. 중국을 통해 북한의 온건화를 유도했고(KNDK mérsékelésére ösztönözték), 소식에 의하면 한반도 상황(Koreai-félsziget helyzete)에 대한 논의도 있었던 것으로 전해지는 화궈펑의 서유럽— 특히 영국—회담들이 있게끔 한 미국의 시도들에 대해 북한은 이렇게 공개적으로(nyilván) 반응을 하고자 했던 것임.

4./ 남북의 긴장은 아시아의 평화와 안전과 관련되어 있다는 발언은 이미 이전에도 평양 측에서 나온 것이지만, 이러한 어법 (megfogalmazás)은 아니었음.

제안

1./ 헝가리 라디오는 11월 10일 아침 뉴스에서 『노동신문』의 기사를 짧게 알렸지만, 헝가리 일간지들이 더 자세하게 이 기사의 내용을 다루고, 특히 이에 대해 긍정적인 내용으로 다뤄주기를 제안함. 이 기사에서 미국, 중국, 그리고 일본의 간섭 조치들(Egyesült Államok, Kína és Japán beavatkozási lépései)과 관련된 것을 강조해서 다루고, 만약을 상정한 경고들, 발언들, 그리고 대화 재개에 대한 제안들과, 계속해서 남북한 긴장 문제(koreai feszültség kérdése)가 아시아의 평

화와 안전 문제(ázsiai béke és biztonság kérdése)와 관련이 있다는 것들을 다룰 것.

2./ 바르샤바 조약기구 회원국가들(VSZ tagállamok)의 수도 및 워싱턴, 도쿄, 런던, 뉴욕, 베오그라드, 북경(+ 동남아시아 국가연합(ASIAN))에 주재하고 있는 헝가리 외교기관들에게『노동신문』의 사설 내용에 대한 각국의 언론반응 및 여타의 반응에 대해서 보고하도록 명할 것.

부다페스트, 1979년 11월 13일

　　　　　　　　서명　　　　　　　　　　　서명
　　(라뜨꺼이 페렌쯔, Rátkai Ferenc) (써보 페렌쯔, Szabó Ferenc)

문서번호: 마이크로필름(Microfilm) 롤(Roll) 번호: 53701.
　　　　　프레임(Frame) 번호: 2007 0000 1954 - 2007 0000 1956
발　　신: 주(駐) 불가리아 헝가리 대사관. 평양, 1979년 12월 20일.
기밀등급: 1급 기밀

기밀전문 (REJTJELTÁVIRAT)

제목: 남한 상황에 대한 불가리아의 의견들

(문서, 자료) 306번과 관련하여.

　페터 뷜카노프(Peter Völkanov) 국장(főosztályvezető)은 헝가리 대사관 1등 서기관(első beosztott)의 질문과 관심에 관련하여 다음과 같은 발언을 했음.

　남한의 상황에 대하여 본부에서 정해진 평가는 아직 없음. 평양에 주재하는 불가리아 대사관의 보고에 따르면, 북한의 지도부는 박정희 암살 후 형성된 상황을 이전보다 더 유리한 상황으로 판단(korábbinál kedvezőbbnek ítéli meg)하며, 남한의 민주 세력들에게 국가의 정치적 영향력에 있어서 더 많은 기회와 영향력이 있기(több esélyük és hatásuk lesz az ország politikájának befolyásolására)를 희망함. 이는 국가의 통일 문제에서 중단된 대화의 재개(megszakadt dialógus folytatása) 또한 촉진시키는 것을 가능하게 할 것임.

　불가리아의 판단에 따르면 남한에서는 노동자와 청년 대학생들의 투쟁(munkásság és az egyetemi ifjúság harca)이 점증하는 것이 기대됨. 두 개의 코리아 사이에 회담의 주된 방해물(fő akadály)은 미국의 존재로 여겨지는데, 미국은 지속적으로 남한 체제의 주요 버팀목(fő támasz)임. 미국과 일본에게 남한은 이 지역에서 주요한 기지(근거지, bázis)이기 때문에, 남북한의 향후 관계와, 그리고 국가의 통일 문제와 관련하여 조건부 예측의 도출 가능성도 존재하지 않음(még feltételes prognózis kialakítására sincs lehetőség). 북한은 지금까지—불가리아의 판단에 따르면—남한에 대해 어떠한 관계 악화를 초래하는 일을 한 적이 없음(nem tett semmit a viszony rontására). 반면 남한에서는 이전보다 유연한 지도부의 형성(rugalmasabb vezetés kialakítása)이 이루어지고 있음. 이것은 미국과 일본에게도 유익한 것(érdek)임.

남북한의 통일 문제에 있어서 중국의 행동은 솔직하지 않음(nem őszinte). 자신의 이익(Saját érdekei)에 맞게 게임(játék)을 하고 있음. 오늘날 중국의 지도부는 5천만의 통일 코리아 /또 하나의 베트남(még egy Vietnam)/의 존재에 이익이 될 것이 없음(nem áll érdekében). 불가리아의 판단에 따르면 북한은 당분간 관망하는 자세를 견지할 것이며, 남한의 지도부는 반면 자신들의 내부 문제로 (통일을 포함한 북한과 관련된 사항을 다룰만한) 여력이 없을 것임. 따라서 당분간 중단된 대화가 가까운 미래에 재개(közeljövőbeni folytatás)될 가능성은 적음.

쉐베스틴(Sebestyén) = 449 =

문서번호: 마이크로필름(Microfilm) 롤(Roll) 번호: 53701.
　　　　　프레임(Frame) 번호: 2007 0000 1957 - 2007 0000 1958
발　　신: 주(駐) 미국 헝가리 대사관. 워싱턴, 1979년 12월 19일.
기밀등급: 1급 기밀

기밀전문 (REJTJELTÁVIRAT)

제목: 남한 상황에 대한 미국의 의견

　(문서, 자료) 235번과 관련하여.

　워싱턴 현지의 의견에 따르면 박정희의 죽음으로 남한에서는 경제적, 정치적인 의제설정 진행(과정, tematizációs folyamat)[42]이 중단되었는데, 이 과정은 미국의 전망에 따르면 1980년대 후반이면 정치와 자유권의 점진적인 확장(politikai és szabadságjogok fokozatos kiterjesztése)을 가능하게 했을 것임.

　이들은 여기 워싱턴 현지의 평가에 따라서 조차 아주 제한된 것이 되었을 것으로 여겨지지만, 일정 진일보한 것(bizonyos előrelépés)을 제공했을 것임.

　현재 내정 상황(belpolitikai helyzet)은 다양한 세력들 /군대, 박정희

---

[42] 원문에는 "tartomizációs folyamat"로 기재되어 있으나 헝가리어에는 없는 표현이며, 이는 아젠다 설정(agenda setting)의 진행(과정)을 의미하는 "tematizációs folyamat"의 오기(誤記)로 보인다.

추종세력, 야당 등/의 출현으로 우선 당장은 한치 앞을 내다 볼 수 없는(áttekinthetetlennek) 상황으로 여겨짐. 게다가 각각의 그룹 내에서도 일사분란하지 않은 상황(sem egységes a helyzet)이며, 군 내부가 그 일례임(például a hadseregben).

미군의 주둔을 유일하게 확실한 요인(egyetlen biztos tényező)으로 여기고 있음.

이 상황에서 남북의 대화 재개는 상황에 맞지 않고, 이것은 지극히 큰 위험(túlságosan nagy kockázat)으로 여겨지며, 남한의 어떠한 하나의 그룹도 그 위험을 짊어질 수는 없을 것임.

향후 언론 비평(sajtószemle)에서 지속하여 중요한 평가들을 보고하겠음.

- 357 - E. -

문서번호: 마이크로필름(Microfilm) 롤(Roll) 번호: 53701.
　　　　　프레임(Frame) 번호: 2007 0000 1959 - 2007 0000 1960
발　　　신: 주(駐) 중국 헝가리 대사관. 베이징, 1979년 12월 19일.
기밀등급: 1급 기밀

기밀전문 (REJTJELTÁVIRAT)

제목: 남한 상황에 대한 중국의 의견

(문서, 자료) 151번과 관련하여.

12월 21일에 발송 예정인 보고로부터.

　일본을 출처로 한(Japán forrásból származó) 우리의 정보에 따르면
오히라(Ohira)와 진행된 회담에서 화궈펑(Hua Kuo-feng)이 밝힌 바는
다음과 같음. 남한 대통령의 암살은 남한에서 정치적 불안정(politikai
bizonytalanság)과 민주주의의 부재함(demokrácia hiánya)을 증명하는
것임. 대통령이 암살되었을 시기에 형성된 (남한의) 위기의 나날들에
북한이 무력에 호소하지 않은(nem folyamodott akciókhoz) 사실은 북
한이 대남 무력 방안(agresszív elképzeléseket Dél ellen)들을 염두에
두고 있지 않다는 것을 증명하는 것임. 중국은 김일성에게 어떠한 남
침(Dél megtámadása) 계획도 전혀 없다는 것을 확신하고 있음(meg
van győződve). (화궈펑은) 오히라에게, 일본은 남한에서 민주화의
과정이 빠르게 진행되고 정치적 체제가 변화되도록 영향력을 행사해

주길 청함.

오히라가 밝힌 바는 다음과 같음. 일본은 남한 내정에 간섭할 수도 없고, 간섭하길 원하지도 않음. 반면 민주화의 과정(demokratizálási folyamat)이 시작되었다고 확신하며, 이를 주요한 요인(jelentős tényező)으로 여기고 있음. (오히라는) 화궈펑에게, 중국은 북한이 남한의 민주화 과정을 위협하는 행위를 하지 못하도록 자신들의 영향력을 행사해주길 부탁함. 이 출처에 따르면 화궈펑은 이 요청을 충족시키는 약속을 하지 않았음(nem ígérte meg).

- 192 - R. -

문서번호: 마이크로필름(Microfilm) 롤(Roll) 번호: 53701.
　　　　　　프레임(Frame) 번호: 2007 0000 1961 - 2007 0000 1963
발　　신: 주(駐) 체코슬로바키아 헝가리 대사관. 프라하, 1979년 12월
　　　　　　27일.
기밀등급: 1급 기밀

기밀전문 (REJTJELTÁVIRAT)

제목: 남한 상황에 대한 체코슬로바키아의 의견

　(문서, 자료) 321번과 관련하여.

　(상기) 주제에 관해서 외무성의 해당 지역국 국장(KÜM illetékes
területi főosztályának vezetője)과 의견을 나누었음.
　남한에 형성된 상황에 대한 우리의 정보는 아주 빈약하지만, 몇 가
지의 결론을 도출할 수는 있음. 대통령 암살과 관련하여 (남한에서)
과연 민주적인 방향(demokratikus irány)으로 일정한 정치적 변화
(bizonyos politikai változás)를 가정할 수 있는지 없는지가 제기됨. 모
든 징후는 대통령 암살 이후 권력이 그 이전처럼 그들 그룹의 손에
머물러 있다는 것을 보여줌. 암살을 모의하고 실행한 7인의 사형선
고와 그 확정 또한 이를 증거함. 미국은 자신의 이익을 실현하는 데
있어서 성공—최소한 당분간은—을 거둠(Az USA-nak sikerült - legalábbis
egyenlőre - urrá lenni saját érdekei érvényesítésében). 남한의 내부 상
황은 박 대통령 통치하의 마지막 시기였던 때 보다 더욱 불안정하다

고는 말할 수 없으며, 조금 혼란한 상황임(inkább kissé zavarosabb). 어떠한 체제의 변화(rendszerváltozás)를 가정하는 것은 비현실적(irreális) 일 것임. 조금 더 민주적인 것에 대한 발현의 조건들(demokratikusabb kibontakozásnak a feltételei)이 근본적으로 강화되어 지지는 않았음.

　남한 관련 상황에 대한 북한 지도부의 판단은 더욱 대단한 변화들 (jelentősebb változások)을 가정했지만(feltételezett), 체코슬로바키아 의 판단에 따르면 그들이 가정한 남한의 그러한 변화는 이루어지지 않을 것(nem fogna beválni)임. 위에 언급했던 바, 상황은 혼란스러운 데, 그것은 지배층의 내부적인 투쟁(uralkodó csoporton belüli harc)에 대한 것이며, 이는 남북 대화 재개를 가능하게 하는 것보다는 오히려 방해하는(akadályozó) 요소임.

　더 심각한 요인(komolyabb tényező)으로는 남북한과 관련된 중국- 미국의 얽힌 상황이 연출되고 있다는 것임. 체코슬로바키아의 가정에 따르면 중국과 미국 측의 요인(要因, tényező)들 사이에서 접촉 (érintkezés)—이러한 징후(jelzés)가 양 외교 기관으로부터 잡혔음—이 있었으며, 이에 어떤 종류의 '이론적' 합의의 윤곽("elvi" megegyezés körvonalai)이 그려졌음. 어떤 한 측도 남한 체제의 변화에 관심이 없 다는 것(이익 될 것이 없다는 것, egyik sem érdekelt)이 그 윤곽의 기 초를 이루는데, 그들에게는 현재의 상황에서 남한의 내부적 긴장 해 소의 방법으로(dél-koreai belső feszültség levezetésének eszközeként), 체제를 대표하는 인물의 변화로써 이것이 충분(elegendő a rendszer fő figurájának változása)하다고 여김. 이에 따르면 미국은 남한 체제가 손상을 받지 않도록(érintetlen) 남아있게끔 영향력을 행사하고(latba veti befolyását), 중국은 반면 북한 지도부가 남한에 적대적인, '더욱 급진 적' 행동(Dél-Korea ellenes "radikálisabb" fellépései)을 하지 못하도록 하는 일을 수행할 것으로 봄.

495 코바치(Kovács)

문서번호: 마이크로필름(Microfilm) 롤(Roll) 번호: 53701.
　　　프레임(Frame) 번호: 2007 0000 1964 - 2007 0000 1966
발　　신: 주(駐) 폴란드 헝가리 대사관. 바르샤바, 1979년 12월 27일.
기밀등급: 1급 기밀

기밀전문 (REJTJELTÁVIRAT)

제목: 남한 상황에 대한 폴란드의 의견

(문서, 자료) 324번과 관련하여.

남한에서 진행된 사건들에 대해 현재(egyelőre) 폴란드 외무성은
개략적 분석(átfogó elemzés)을 작성하지 않았고, 단지 중간보고 격
인, 임시 안내 자료(menetközbeni, időszakos tájékoztató anyag)들을 종
합했음. 해당 지역국의 국장인 피얄코프스키(R. Fijalkowski)는 남한
의 상황에 대해, 그리고 기대되는 변화(várható alakulás)에 대한 전망
에 관하여 아래의 평가를 했음.
독재자 박정희의 살해 배경에는 미국이 있었음(Pak Csong Hi
diktátor meggyilkolásának hátterében az amerikaiak álltak). 한편으로
는 남한의 체제를 국제적으로 더욱 그럴싸한 모습으로 만들고자
(nemzetközileg szalonképesebbé tegyék), 다른 한편으로는 내부적 긴
장을 해소시키고자(belső feszültségeket levezessék) 하는 내외적인 요
인들에 기초하여 미국은 이미 오랫동안 상황의 변화가 있기를 자극
했으며(ösztönözték), 자유주의 색채를 한 변화를 민주적인 슬로건들

로(liberális színezetű korrigálást a demokratizmus jelszavával) 풀어내고
자 노력하였음. 이에 박정희는 적합하지 않았음(nem volt alkalmas).
학생들의 움직임이 시작된 것(diákmegmozdulások)과 일련의 국회의원
들의 사임(egyes képviselők lemondása)은 박정희 제거(Pak eltávolítása)
에 좋은 기회를(jó alkalmat) 제공했음. 대통령 제거(elnök eltávolítása)
에는 내부의 경쟁관계(belső rivalizálás)와 개인적인 적대관계(személyi
ellentétek)를 이용했음. 실행 계획(végrehajtás terve)은 이 후자에 기
초해서 세워졌음.

미국은 자신들의 목적에 (맞게) 이 변화를 최대한 이용하고자
(kamatoztatni) 함. 이 변화는 이전 대통령과 비교해서 어느 정도 미화
된 것(valami szépítés)을 초래할 것이 확실해 보임. 누가 권력을 쥐게
될 것인가(ki kerül hatalomra)가 중요한 문제임. 현재 대통령 권한대
행(megbízott elnök személye)은 최종적이 아니며, 그는 단지 임시 인
물로 볼 수 있음(átmeneti figurának tekinthető). 나중에 등장하는 인물
들 중 어느 그룹이 권력을 장악하게 될지(melyik csoport kaparintja
kézbe a vezetés) 결정될 것이며, 그리고 향후 어떠한 노선을 현실화
할지(melyik irányzat jut érvényre)는 그에(그 권력을 장악한 그룹에)
달려 있음.

미국은 현재 권력 관계의 유지와 함께 변화가 완만(mérsékelt)하게
펼쳐지고, 체제의 근간을 건드리지 않기(rendszer alapjait ne érintse)
를 원하고 있음. 폴란드의 판단에 따르면 이는 충분히 가능성 있는

것(valószínűsíthető)임.

남북한 관계와 관련해서, 미국이 북한에게 공격적인 행동을 자제하도록(tartózkodjanak agresszív cselekedetektől) 주의를 주었으며(figyelmeztette), 북한의 지도부는 이를 따르기도 하는 것(KNDK vezetése be is tart)으로 우리 정보원들은 전함. 이 변화 이후 북한이 대화 재개를 시작한 것은 예상했던 바(várható volt)임. 하지만 이는 그다지 큰 가능성은 없는데(nem sok az esély), 왜냐면 현재 남한에는 남북대화에 대한 법적인 권한을 위임(törvényes felhatalmazás) 받은 그런 지도자가 존재하지 않기 때문임.

(남북의) 이익에 부합되는 관계(érdemi kapcsolatok) 형성을 미국 역시 바라지 않는데(sem akarja), 미국의 정치적 노선(politikai irányvonala)과 (미국의) 이익들(érdekeivel)에 부합하지 않기 때문임. 국제적인 상황(nemzetközi helyzet)도 (남북의 의미 있는 관계 형성에) 유리하지 않음(sem kedvező). 중국도 이에 대해(남북의 이익에 부합되는 관계 형성에 대해) 동의하지 않기에, 이 때문에 남북 관계에서 당분간 진일보한 발전은 없을 것임.

이 문제와 관련하여 국장은 바르샤바의 북한 대사가—본국의 의향임을 거론하며—최근에 다음의 것들을 재촉하고 있다고 언급함. 폴란드의 언론이 한층 더 북한의 통일 노력에 대해 다루고, 서명을 받는 형식(melynek keretében aláírások gyűjtése) 등이 회자될 수 있겠는데, 계속하여 폴란드의 사회 조직들이 연대와 지지의 행동(szolidaritási és támogatási akciók)을 조직할 수 있기를 원함. 이 후자에 대해서 폴란드 측에서는 분명하게(határozottan) 수동적으로 반응하였음(elzárkoztak).

= 373 = 거럼뵐지(garamvölgyi) =

문서번호: 마이크로필름(Microfilm) 롤(Roll) 번호: 53701.
　　　　　프레임(Frame) 번호: 2007 0000 1967 - 2007 0000 1968
발　　신: 주(駐) 유고슬라비아 헝가리 대사관. 베오그라드, 1979년 12월
　　　　　28일.
기밀등급: 1급 기밀

기밀전문 (REJTJELTÁVIRAT)

제목: 남한 상황에 대한 유고슬라비아의 의견

(문서, 자료) 165번과 관련하여.

기관에서 해당 국장이 전한 바,

유고슬라비아는 북한의 입장에 관해 직접 안내(közvetlen tájékoztatás)
를 받았음.

대통령 암살 이후 남북한 사이의 관계에 대한 여러 가능성들은 당
분간 진전되지 않았음.
한반도에서 여러 의미 있는 변화(félszigeten több érdemi változás)
를 당분간은 목격할 수 없을 것임.

그들의 의견에 따르면, 새로운 남한의 지도부로부터 대화 재개에
대한 의미 있는 진전은 기대할 수 없음.

장성들 간의 대결(tábornokok közötti leszámolás), 참모부의 몰락
(VKF bukása)은 전(前) 대통령 추종세력(volt elnök hívei)을 강화시켰
음.[43)

유고슬라비아 언론은 이러한 접근에 기초해서 사건을 평함.

- 363 - Sz. -

[43) 이 보고서의 작성 시기는 소위 '12·12 군사반란' 이후이며, 상기 내용은 '12·12 군사
반란'과 관련된 내용이다.

문서번호: 마이크로필름(Microfilm) 롤(Roll) 번호: 53701.
　　　　　 프레임(Frame) 번호: 2007 0000 1969 – 2007 0000 1970
발　　신: 주(駐) 쿠바 헝가리 대사관. 하바나, 1979년 12월 28일.
기밀등급: 1급 기밀

기밀전문 (REJTJELTÁVIRAT)

제목: 남한 상황에 대한 쿠바의 의견

(문서, 자료) 169번과 관련하여.

쿠바 동지들은 오랜 기간 동안 북한 지도부의 정책을 아국(我國)과 전적으로 동일(teljesen azonos mód)하게 평가하였으며, 북한 지도부의 정책 중에서 통일 주제와 관련해서는 여러 차례 (UN에서) 발의를 하기도 했음(tett kezdeményezéseket is).

쿠바의 판단에 따르면 박정희 암살은 남한 정권의 특징을 변화시키지 않았으며(nem változtatta meg), 남한 정권의 현재 지도자들은 그들 또한 완전히 미국을 통해 승인된 목표들을 따르는 상태에서 유·불리함을 따지며 통일 회담을 지속(ország-egyesítési tárgyalások érdemi folytatása)하고자 함. 북한의 생각에 따르면, 의미 있는 회담에 대해서 미국과 서울은 계속해서 관심이 없으며, 일본은 물론 중국까지도 이에 대해 열성적으로 받아들이지 않음(nem lelkesedik). 중국-미국의 관계 형성에서 그 경향을 주목해보면, 가까운 시일 내에 독립적이며 민주적으로 통일된 남북한의 탄생에 대해 상기 언급한 어느 나라도 관심을 기울이지는 않을 것으로 보임.

쿠바의 판단에 따르면 북한 지도부의 외교정책도 국가의 통일을 지원하지 못할 것이라고 하는데, 북한 지도부는 베이징의 노선에 복무(Peking céljainak a szolgálatába szegődve)하고 있으며, 예를 들면 앙골라의 경우처럼, 이전에 아프리카에서 불명예스러운 그들의 역할(dicstelen afrikai szereplésük)과 최근에는 베트남과 캄보디아에 적대적인 그들의 거친 행동(durva Vietnam és Kambodzsa elleni viselkedésük)에서 보듯, 한때 그들이 신임을 얻었던 비동맹국가 운동에서도 너무 많은 것을 잃었음(nagyon sokat veszítettek egykori hitelükből az el nem kötelezett országok mozgalmában is).

북한의 전혀 이해할 수 없는 '자아고립' 정책("önelszigetelési" politika)은 쿠바를 아주 당혹하게 했으며(Kubát őszintén meglepte), 북한은 이미 비동맹국가의 콜롬보 정상회담에서(el nem kötelezett országok colombói csúcsértekezletén), 그리고 그 이후로도 이러한 것들을(자아고립 정책들을) 실행했었음. 하바나 정상회담(havannai csúcsértekezlet) 준비와 진행 시기에는 반면, 북한의 지도자들이 남북의 평화적 통일 과업 선전(két országrész békés egyesítésének ügyének propagálásában)보다 중국의 관심에 대해 전력(pekingi érdekek szolgálatában)하는 것이 목격되었음(tanúsítottak).

- 238 - J -

08_ 12·12 군사반란 관련 자료 해제

　　　　　　　　　　12·12 군사반란 관련 헝가리 외교기밀
문서 역시 여기에 실린 내용이 이 사건에 대한 전체 자료의 해제라고
할 수는 없다. 이 사건은 하나의 파일로 정리되어 있지 않기 때문에
다른 사안에 대한 자료와 마찬가지로 전체 자료를 해제한 후 일괄적
인 정리가 필요할 것이다. 본문의 자료들은 사건이 발생했을 시기의
자료들을 확인한 후 직접적으로 관련이 있다고 생각한 문서들을 소
개하는 것일 뿐이다. 헝가리 외무성의 자료들과 시각에 대해서는 단
지 헝가리에 국한된 것이라기보다, 사회주의권 전체의 시각으로 확
장해서 해석하더라도 결코 과장이라고 할 수 없을 것이다.

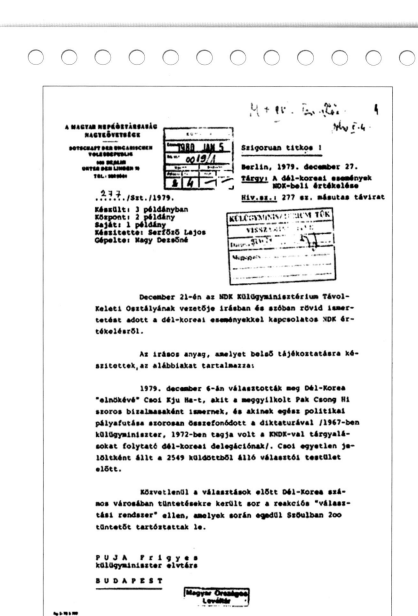

A MAGYAR NÉPKÖZTÁRSASÁG
NAGYKÖVETSÉGE

BOTSCHAFT DER UNGARISCHEN
VOLKSREPUBLIK
108 BERLIN
UNTER DEN LINDEN 76
TEL.: 2202041

1980 JAN 5
0019/1

Szigoruan titkos !

Berlin, 1979. december 27.
Tárgy: A dél-koreai események
NDK-beli értékelése

.277./Szt./1979.

Hiv.sz.: 277 sz. másutas távirat

Készült: 3 példányban
Központ: 2 példány
Saját: 1 példány
Készitette: Serfőző Lajos
Gépelte: Nagy Dezsőné

KÜLÜGYMINISZTÉRIUM TÜK
VISSZA...

December 21-én az NDK Külügyminisztérium Távol-
Keleti Osztályának vezetője irásban és szóban rövid ismer-
tetést adott a dél-koreai eseményekkel kapcsolatos NDK ér-
tékelésről.

Az irásos anyag, amelyet belső tájékoztatásra ké-
szitettek, az alábbiakat tartalmazza:

1979. december 6-án választották meg Dél-Korea
"elnökévé" Csoi Kju Ha-t, akit a meggyilkolt Pak Csong Hi
szoros bizalmasaként ismernek, és akinek egész politikai
pályafutása szorosan összefonódott a diktaturával /1967-ben
külügyminiszter, 1972-ben tagja volt a KNDK-val tárgyalá-
sokat folytató dél-koreai delegációnak/. Csoi egyetlen je-
löltként állt a 2549 küldöttből álló választói testület
előtt.

Közvetlenül a választások előtt Dél-Korea szá-
mos városában tüntetésekre került sor a reakciós "válasz-
tási rendszer" ellen, amelyek során egyedül Szöulban 200
tüntetőt tartóztattak le.

P U J A   F r i g y e s
külügyminiszter elvtárs

B U D A P E S T

Magyar Országos
Levéltár

[08] 12·12 군사반란 관련 자료 중 일부

문서번호: 마이크로필름(Microfilm) 롤(Roll) 번호: 53701.
　　　　　　프레임(Frame) 번호: 2007 0000 3043 - 2007 0000 3047
발　　　신: 주(駐) 동독 헝가리 대사관. 베를린, 1979년 12월 27일.
기밀등급: 1급 기밀

제목: 남한 사건에 대한 동독 내부의 평가

　12월 21일에 동독의 외무성 극동지역국 국장(az NDK Külügyminisztérium Távol-Keleti Osztályának vezetője)이 서면과 구두로 짧게 남한 사건과 관련된 동독의 평가에 대한 안내를 하였음.

　내부 자료로 만들어진(belső tájékoztatásra készítettek) 문서들은 아래의 내용들을 포함하고 있음.

　1979년 12월 6일 남한은 최규하를 '대통령으로(elnökévé)' 선출했는데, 그는 살해된 박정희의 신임이 두터운 이로 알려져 있으며, 그의 정치 전력은 밀접하게 독재자와 연관되어 있음. /1967년 외무부장관, 1972년에는 북한과 회담을 진행한 남한 사절단의 일원/. 2549명의 위원들로 구성된 선거인단(választói testület)을 대상으로 최규하는 유일한 후보로 출마했음.

　바로 선거 직전에 남한의 몇몇 도시에서는 반동적인 '선거 시스템'에 반하여(a reakciós "választási rendszer" ellen) 시위가 일어났고, 이 시위 와중에 서울에서는 유일하게 200명의 시위가담자가 구금되었음(tartóztattak le).

최규하는 한때 경제기획원 장관을 지냈던(az egykori gazdasági tervezési miniszter) 신현확(Siu Hjon Hvak)을 총리(miniszterelnök)로 임명했음. /신현확, 59세, 1976년 보건사회부 장관, 1978년 알마타에서 개최된 세계보건기구(HWO) 총회 참석, 1978년 경제기획원 장관 겸 부총리(helyettes kormányfő)/.

1979년 12월 3일, 여당인 '민주공화당(Demokratikus-Republikánus Párt, DRP)'과 야당인 '신민당(Új Demokratikus Párt, UDP)' 위원들로부터 동수로 구성된 국회의 한 위원회가 지금까지의 독재적 헌법 수정에 대한 토론을 시작하였음. 이 위원회의 임무는 '민주적 규정들(demokratikus szabályokat)'이 입법 회의(törvényhozó gyűlés, 의회)와 '대통령' 재(再) 선출('elnök' újjáválasztása)을 위한 선결조건들을(előfeltételeket) 창출해 낼 수 있도록, 이에 대한 작업을 하는 것임.

최규하의 선출과 첫 정치적 행보들, 그리고 국회 위원회 업무의 현재 진행에 기초해서 본다면, 남한의 내무와 외무에서 근본적인 변화는 기대할 수 없음(lényeges változásokat nem lehet várni).

여전히(továbbra is) 군대는 남한 부르주아의 주요한 보루(fő támasz)임. 한편으로는 '온건파(mérsékelt csoport)'가 연루된, 군 장성 지휘부에서 발생한 그러한 충돌들도 이에 영향을 미치지는 못함. 최규하,

여당인 민주공화당, 그리고 야당인 신민당 모두는 극렬한 반공의 입장이고 남한 부르주아의 이익을 대변하며, 미국의 지배층에 긴밀히 연결되어 있기에 북한에 대응한 남한의 행동에 대해서, 그리고 재통일의 문제에 대해서 이들은 변하지 않을 것임.

남한 부르주아는 오직 독재의 '민주화'에(diktatúrájának 'demokrati-zálására') 매진함. 박정희 체제의 억압적 방식들은 지난 시기에 심각하게 대내외적으로 문제를 야기함. 이 모두는 남한의 주요 동맹인 미국과 관련된 외교 관계에 큰 부담을 줌.

구두 안내에서 국장(局長, osztályvezető)은 박정희 살해는 아마도 미국의 부추김으로 발생했으며(feltehetőleg amerikai sugallatra történt), 이 사건의 배후에는 미국의 전략적인 이해(az Egyesült Államok stratégiai érdekei)가 자리하고 있을 가능성 아주 높음. 말하자면 박정희가 남한 정권의 정점에서 사라짐과 동시에 전(前) 대통령의 이름과 함께 낙인된(fémjelzett) 극단적인 독재 체제를 '민주화'한다는, 이로써 국제적인 여론을 그럴듯하게, 특히 이 지역의(아시아 지역의) 국가들 앞에서 보여줄 수 있는 조건들이 창출되었음. 이 모든 것은 미국의 구상에 적합한 것이며, 미국은 남한을 군사적 요충지(katonai támaszpont)로 계속해서 유지시키는 것뿐만 아니라, 그들은 한반도에서 정치적으로도, 무엇보다 먼저 소련에 대항해서, 하지만 중국에 대항해서도 강력한 정치적 기지(politikailag is erős bázis)를 가지고자 하는 목적 역시 가지고 있음.

○ ○ ○ ○ ○ ○ ○ ○ ○ ○ ○ ○

동독 입장에서 보는 바로는, 이러한 미국의 열망에 박정희는 이미
장애물이기도 했으며(Pak Csong Hi már útjában állt), 그들에게 난처
한 존재로(kényelmetlenné vált számukra) 되기도 했는데, 왜냐면 미국
이 어느 정도는 희망을 가지고 있던 남북한 간에 진행되는 대화를 박
정희가 방해했기 때문임. 국장은 말하길, 박정희 살해로 형식적으로
는 이러한 것들이 사라졌지만(elhárultak), 남북한 사이에 대화를 가로
막는 방해물들은 최소한 완화가 된 것으로(legalábbis mérséklődtek)
판단하는데, 북한의 입장에서는 남북대화의 진일보에 있어서 주요한
장애물을 지금까지 박정희 개인으로 여겼기 때문에 더욱 그러한 것
임. 이것을 염두고 두고서 평가하길, 미국의 계획에서 박정희 살해는
단지 장기 계획의 서곡에 지나지 않으며(csupán nyitánya volt egy
hosszú távú tervnek), 이 장기 계획의 연장선에서—제국주의자들의
이익에 맞게끔—그들은 남북통일의 조건들을 창출하고자 함.

이러한 관계에서 국장은 북한이 통일을 모든 '외부 개입(külső
beavatkozás)' 없이, 독자적으로, 민족적 범주에서 실현시키기 원한다
는 것을 상기시키며, 이는 단지 미국뿐 만 아니라, 소련을 멀리 두는
것까지도 포함하는 것임.

남북대화의 기대되는 전개상황과 관련하여 국장은 남한 체제의 극
단적 반공주의적 특징을 강조하며, 여기에다 남한에는 반공에 대한
광범위한 대중적 기반(széles tömegbázis)도 있음을 덧붙임.

끝으로 언급하길, 일련의 사건들에 대해 그들도 주의 깊게 살펴보고 있으나, 북한의 동지들이 의견표명과 관련하여 극히 주저하는 것(rendkívül tartózkodóak)이 그들의(동독의) 방침을 정하는데 큰 어려움으로 작용함. 평양 주재 동독 대사관에서는 지금까지 권위 있는 출처로부터(mértékadó forrásból) 남한의 사건들과 관련한 북한의 평가들에 대해서 정보를 얻는 데 성공하지 못했다는 것도 이와 관련됨.

   서명
   /까다르 요제프(Kádár József)/
   대사(nagykövet)

문서번호: 마이크로필름(Microfilm) 롤(Roll) 번호: 53701.
　　　　　프레임(Frame) 번호: 2007 0000 3048 - 2007 0000 3049
발　　신: 주(駐) 일본 헝가리 대사관. 도쿄, 1980년 1월 11일.
기밀등급: 1급 기밀

기밀전문 (REJTJELTÁVIRAT)

제목: 남한 상황에 대한 일본의 의견

(문서, 자료) 116번과 관련하여.

우리가 아는 바에 따르면 남한에서 12월 12일 자행된(végrehajtott) 국면을 새로운 쿠데타(újabb államcsíny)로 볼 수 있는데, 젊은 장성들의 모임이 군대의 정치적 영향력을 지속시키고, 노쇠한 장성들을 제거하고자 이를 수행한 것임.

쿠데타와 관련해서 미국이 안절부절 못했던 첫 번째 이유는 장성들이 한미연합사령부(közös amerikai-dél-koreai parancsnokság)하에 있는 정예부대를 전방에서 미군 지휘부의 인지와 허락 없이(tudta és engedélye nélkül) 출동시켰기 때문임. 이는 한국군 지휘부의 반북(反北) 군사 모험(észak elleni katonai kaland)에도 미국이 휘말릴 수 있다는 위험 또한 내포하고 있다는 것임.

젊은 장성 집단이 국내에서 실제적인 권력을 행사하고 있으나, 여

러 이유 중 미국의 압력으로(többek között amerikai nyomásra) 최규하 대통령의 권력과 민간 정부를 표면적으로는 건드리지 않고 놔두었음 (érintetlenül hagyták).

남한에서는 가까운 미래에 새로운 동요의 가능성이 있는 것으로 파악되지만, 제한된 '민주화'(a korlátozott "liberalizálás")는 계속 점진적으로 진행 될 것으로 여겨짐.

통일 회담 재개와 관련한 북한의 제안에 대해 의미 있는 (남한의) 반응은 박정희 살해(Pak meggyilkolása)[44] 이후의 체제가 강화된 뒤에나 가능할 것임.

- 12. - K. -

---

[44] 원문의 "megnyilkolás"는 "meggyilkolás"의 오기(誤記)로 보인다.

○ ○ ○ ○ ○ ○ ○ ○ ○ ○ ○ ○

문서번호: 마이크로필름(Microfilm) 롤(Roll) 번호: 53701.
　　　　　프레임(Frame) 번호: 2007 0000 3050 - 2007 0000 3058
발　　신: 주(駐) 북한 헝가리 대사관. 평양, 1980년 1월 19일.
기밀등급: 1급 기밀

제목: 박정희 사망 이후 남한의 정치적 상황

　현지의 소련 및 다른 국가의 외교관들, 그리고 아국(我國) 대사관
의 의견에 기초해서 주제와 관련한 아래의 사항들을 보고함.

　1979년 12월 6일, 남한에서는 한국의 제10대 대통령 선거가 이루어짐.

　이 직위에 등록한 유일한 후보는 최규하 전 국무총리(korábbi
miniszterelnök)이며, 그는 박정희 사망 이후 권한대행의 역할(ügyvezető
elnöki funkció)을 맡았음.

　선거는 1972년의 유신헌법에 기초하여 진행되었음. 통일주체국민
회의(Egyesítés Nemzeti Bizottsága)는 2,560명으로 구성된 선거인단의
역할을 수행했음.
　최규하에게 투표한 2,465명의 투표자는 96.7%에 해당하며, 이로써
이 외의(fennmaradó) 다른 투표들은 유효하지 않게 되었음.
　1972년의 헌법에 따르면 최규하는 1984년 12월 26일까지 /말하자면
박정희의 남은 대통령 직 수행기간을 채우는/ 대통령 직위에 머무를
권리가 있음에도 불구하고, 11월 10일의 특별성명(különnyilatkozat)에

○ ○ ○ ○ ○ ○ ○ ○ ○ ○ ○ ○

서 박정희의 뒤를 이은 이는 고(故) 전(前) 대통령의 임기로 남은 기간을 모두 채울 필요는 없다고 발표했음. 최규하의 말에 따르면 그의 임무는 새 헌법(megreformált alkotmány, 개혁 헌법)에 따라 차후 선출될 새로운 대통령에게 권력을 이양하는 것임. 최규하의 이 발언을 고려하지 않더라도, 야당인 신민당은 1972년의 헌법에 기초해서 이루어진 이러한 대통령 선거를 규탄했는데, 그들에 따르면 "인민의 이익과 의사"를 반영하지 않았다고("nem tükrözte a nép érdekeit és akaratát") 함. 선거 이후 바로 최규하는 내각을 구성했고, 대통령 비서실의 부서장들을(az elnöki titkárság vezetőit) 교체했음. /새 정부의 구성과 구성원 명단은 현지의 1215번 공개전문으로 송부한 바 있음./

새 정부에서는 국방부장관을 제외 하고 단지 두 명의 군 출신이 있으며, 이들 외에는 기본적으로 테크노크라시(기술관료 집단)를 대표하는 자들임(technokrácia képviselői). 이는 지금까지 미국-남한의 관계에서 기본적으로는 군이 특징적으로 지배를 했고, 미국의 영향력은 최고위 남한 군 지도부를 특징지었기 때문에 이는 주의 깊게 여길 부분임.

보건사회부 장관직의 위임에 야당인 신민당 국회의원이 된 것은 눈에 띄는 부분임. 이것은 아마도 '초당적(pártok fölötti)'인 정부를 요구했던, 그러한 반정부 세력을 해제(解除)시키고자 했던 것이 그 동기를 제공했을 것임. 신현확은 국무총리로 임명이 되고 난 후, 여당인 민주 공화당으로부터 탈당했으며 국회의원직도 사퇴했음.

민주공화당 측으로부터 협력의 부름을 뒤로한 채, 국무총리 임명 시에 야당 의원들은 국회의 의석을 비웠는데, 특정한 일부는 이 임명에 대해 1972년 헌법의 정치적 질서를 유지한 것(1972-es Alkotmány politikai rendszerét megőrizzék)으로 판단했기 때문임.

신민당은 눈에 띄는 방법으로 활동을 강화함. 여러 활동 중 예를 들자면, 이전에는 당이 정부 방침에 반대하는 극렬한 논쟁으로 당의 활동을 한정했지만, 지금은 민주적인 전환에 대해 현실적인 프로그램을(reális programot) 제안하는데, 그 내용은 대통령 임기를 4년으로 축소, 대통령 직선제, 긴급명령 공포를 위한 대통령의 권한 제한, 국회의 정부 감사권 도입, 국회에 대해서는 어떠한 각료에 대해서도 불신임을 결정할 수 있는 권한 보장, 정부로부터 사법부의 독립 보장 등을 포함함. 더군다나 당의 지도부는 새 헌법 구상을 준비하는데 있어서 정부와 기꺼이 함께 협력할 수 있음을 선언함.

국회 특별위원회(a nemzetgyűlés speciális bizottsága)는 이 후자의 문제와 관련하여—공화당과 신민당 14명의 의원을 포함해서—만장일치로(egyhangúlag) 대통령이 국민투표(népszavazás)에 부칠 수 있도록 이 (새 헌법) 구상안 토의에 대한 결정을 수용하였음.

야당은 대통령 긴급조치 9호(9-es számú elnöki rendkívüli törvény) 해제 또한 환영하며, 이 조항으로 유죄판결을 받은 68명의 야당인사의 석방을 환영했음.

신민당은 1980년 8월 15일까지 새로운 헌법 하에서 대통령 선거가 이루어지도록 정부에 요청함. 하지만 정부는 당분간 새로운 선거 일자에 대해 확답을 주지 않았으며, 최근 몇 년간 나타난 부정적인 국내 정치적 앙금들을(azokat a negatív belpolitikai lerakódásokat) 한꺼번에 없애기는 어려운 것이라고 함.

남한 사회의 민주화 과정은 지난(至難)함. 12월 12일에 계엄사령관 (a rendkívüli állapot főparancsnoka)인 정승화(Cson Szin Hva)와 다수의 다른 장성들이 구금되었음. 구금 당시 사령관 관사와 국방부에서 총격전이 벌어졌음. 공식적인 발표에 따르면 박정희 살해와 관련된 조사 과정에서 그들의 혐의가 드러났기 때문에 구금을 했다고 함.

노재현(Ro Cse Hjon) 국방부장관(hadügyminiszter)의 제거, 게다가 고위급 장성들 다수의 교체는 다음을 가정할 수 있는 근거를 우리에게 제시함. 남한에서 군사 쿠데타 실행 시도가 발생했음(Dél-Koreában kísérlet történt egy katonai államcsíny végrehajtására).

12월 18일, 최규하 대통령은 합참의장 류병현(Rju Bjang Hjon) 대장을 위시한 군 지도부의 방문을 받고 /이 자리에는 신임 국방부장관과 이희성(Li Hi Szen) 신임 계엄사령관 역시 배석/ 그들에게 군인 본연의 과업 수행에 만전을 기하여, "만약에 있을 지도 모를 북한으로부터 위협적인 공격에 대비한(egy esetleges északról fenyegető támadás ellen)" 국가 태세를 갖추도록 요청함.

위의 사건들은 박정희 살해 이후 "만일에 있지도 모를 북의 공격 (egy Északról jövő esetleges támadás)" 예방을 위해 모든 것을 조치한 미국에게 일정 동요를 불러 일으켰음(bizonyos nyugtalanságot idézték elő az USA-ban). 하지만 남한 내정의 발전 전망과 관련하여, 미국의 지도자들은 안심을 하고 있음(az USA vezetői nyugodtak maradtak). / 아마 미국 그 자신이 이 음모를 시작한 것 같으며, 최소한 이에 대해 인지는 하고 있었음(Valószínű maguk az amerikaiak kezdeményezték az összeesküvést, de legalábbis tudtak róla)./

남한 대통령의 사망 이후 첫 '충격들(meglepetések)'이 진정되고, 북한도 군사적인 행동(katonai akció)을 시도하지 않자, 미국은 그때서야 남한 상황을 다루기 시작했음.

군인들이 정권을 인수한 것인지(katonának veszik-e át a hatalmat), 그리고 이 결과로 박정희와 유사한, 아니면 그보다 더 나쁜 정권(még rosszabb rezsim)이 들어설 것인지, 또는 경우에 따라서는 사회주의 국가들 또한 인정할 수 있는(a szocialista országok is elfogadhatnak), 예를 들어 태국, 필리핀 등에서 운용되는, 더 민주화된 정부가 들어설 것인지, 미국으로서도 (한국에서) 어떤 정부가 들어서는 지는 중요한 것임.

의견에 따르면 이러한 (향후의 남한) 정부는 이 외에도 더욱 민주화된 반공주의(antikommunista, hogy demokratikusabb)를 채택할 수도 있는데, 어쨌든 더욱 많은 국가와 외교적 또는 무역 관계를 맺기 위한 조건들은 완화될 것임.

○ ○ ○ ○ ○ ○ ○ ○ ○ ○ ○ ○

하지만 남한의 고위 군인의 지도부 체포는 분명 (미국이) 짐작했던 바는 아닌데(nyilvánvalóan számításaikon kívül esett), 왜냐면 이러한 위험으로 남한을 지배하고 있던 그들의 영향력을 잃는 일이 발생할 수 있었으며, 또는 경우에 따라서는 박정희의 살해와 관련한 그들의 협력이 드러날 수도 있기(vagy esetleg kiderülhet közreműködésük Pak meggyilkolásában) 때문임. 워싱턴과 서울에서 양국 대사들을 대통령 비서실과 외무부로 초치하여 회의를 하는 와중에 남한의 인사들이 미국인들을 안심시키는데 성공한 것처럼 보임. 12월 18일에, 말하자면, 백악관 대변인이 미국 측은 남한의 상황 형성이 양국 사이의 관계 변화를 초래하지 않고, 서울 정부의 조치는 적합함을 희망한다는 모호한 내용의 성명을(egy homályos értelmű nyilatkozatot) 발표함.

하지만 이 이전의 사건은 12월 14일과 15일[45] 새벽에 잘 무장이 된 많은 수의 남한 부대들이 서울로 진격한 것인데, 흥미로운 점은 바로 이에 대해서 한미연합사령부가 전혀 몰랐다는 것임(aminek a pikantériája az, hogy erről mit sem tudott a közös amerikai-dél-koreai parancsnokság amerikai parancsnoka). 미국은 군사를 즉시 움직였지만, 이는 상기한 대사들의 회의(nagyköveti találkozók) 이후에야 이루어졌음.

일본은 한반도 상황의 안정화에 기여할 것(ez hozzájárul a félsziget helyzetének stabilizálásához)이라고 가정하며, 남한의 민주적 개편에

---

[45] 문서 작성 당시 날짜에 대한 잘못된 정보가 있었던 듯하다. 실제로는 12·12 군사반란이 일어난 12월 12일을 의미한다.

대해 긍정적인 태도를 보임. 남북 사이의 긴장 완화 국면에서 더 적극적인 역할을 맡고자 하는 일본 정부의 의도가 있음. 오히라-화궈펑 간의 회담들도 이를 증명함(Ezt bizonyítják az Ohira-Hua Kuo-feng között lezajlott tárgyalások is). 예를 들면, 각각의 국제기구에서—UN에서도, 그리고 국제적 회의들에서 남북한의 대표자들이 "서로 방해하지 말 것(ne zavarják egymást)"을 보장해야 한다는 것은 일본의 발의임.

북한의 언론은 오늘에 이르기까지 박정희 죽음 이후의 실제적인 남한의 변화상황에 대해서 거의 기사를 쓰지 않고 있으며, 남한 사건 비평에 대한 그들의 자제심—구두로 대화를 나누던 중—이 눈에 드러남. 이는 분명히 박정희의 죽음을 그들이 아주 갑자기 접했다는 사실로 설명이 가능하며, 아마도 그들은—이전과 비슷하게—괴뢰정권(bábkormány)이 들어설 것으로 전망한 것 같음.

하지만 (북한의 언론은) 지난 며칠 동안 활발하고 적극적인 모습을 보였는데, 그것은 북한 수상이 남한의 대화상대에게 보낸, 그리고 김일 북한 부주석(alelnök), 조선로동당 중앙위원회 비서, 조국평화통일위원회 위원장이 남한의 정당들과 사회단체들의 장(長)에게 보낸 11개의 편지가 이를 증명하며, 이 편지들은 국가통일문제 해결을 위한 회담을 제안한 것임. /공개전문과 다른 루트를 통해 보낸 전문 참조/

박정희의 18년 철권 독재(kemény diktatúra) 이후 남한 사회는 민주적인 전환의 방향(demokratikus átalakulás irányába)으로 향할 전망임.

하지만 권력층에 전(前) 대통령의 추종자들이 적지 않게 남아 있으며 (nem kevés híve maradt a volt elnöknek), 자유화의 정도는 구 정치의 신봉자들과 새로운 권력 사이의 역학관계(erőviszony)에 달려있게 될 것임. 새 정부가 최소한의 개혁으로 그 조치를 한정 /예를 들면 전(前) 정권의 가장 악명 높았던 법들을 무효화/ 하고 구(舊) 체제(régi rezsim)를 살려내는 시도를 할 가능성도 전혀 없는 것은 아님.

하지만 이를 통해서는 남한 사회의 실제적인 모순들을 해결할 수 없게 될 것이고, 상황은 새로운 반정부 폭동으로 이어질 수 있으며(új kormányellenes zavargásokhoz vezethet), 이는 반면 군사 쿠데타(katonai puccs)뿐만 아니라 군사 독재의 회귀(katonai diktatúra visszaállítása)를 야기시킬 수 있고, 아마도 이는 박 정권보다도 더 나쁜 독재(Pak rezsimjénél is rosszabb diktatúra)로 이어질 수도 있을 것임.

새로운 정부는 분명히 현재 상황의 복잡성을 잘 인식하고 있으며, 야당과 전(前) 대통령 추종자들을 만족시키고자 노력하는 가운데 머지않아 조심스럽고 심사숙고한 정책들을 진행시킬 것임. 향후 사건이 어떤 국면으로 전환될 지에 대한 언급으로, 소위 '북의 위협'(u.n. 'északi veszéllyel')에 대응하여 (남한의) 정부든 야당이든 자세를 바꾸리라고는 생각하기 어려울 것임.

서명
/에뜨레 샨도르(Etre Sándor)/
대사(nagykövet)

문서번호: 마이크로필름(Microfilm) 롤(Roll) 번호: 53701.
　　　　　프레임(Frame) 번호: 2007 0000 3069 - 2007 0000 3074
발　　　신: 주(駐) 북한 헝가리 대사관. 평양, 1980년 11월 13일.
기밀등급: 1급 기밀

제목: 1979년 12월 12일과 1980년 11월 사이의 남한 상황 평가

　상기 주제에 대해 평양의 소련 대사관은 아래와 같이 평가함 /소
련의 담당 외교관들로부터 자료들을 받음/.

　1979년 12월 12일과 1980년 8월 중의 기간에는 전두환 그룹의 영향
력 강화(Cson Du Hvan csoportja befolyásának megerősödése)가 그 특
징이었는데, 이는 합법적으로 국가의 대통령으로 선출되는 것으로
매듭지어졌음.[46] 전두환은 '12월의 국면전환(decemberi fordulat)' 이
후 자신의 사람들을 군대 지도부의 지위로 위치하게 했으며, 이후 광주
사태(kvangdzsui események)를 영악하게(ügyesen kihasználta), 게다가
서울의 학생시위를 가능성 있는 정치적 반대자들의 제거(lehetséges
politikai ellenfeleit eltávolítsa)에 이용했음. 1980년 5월 17일에 정치 활동
지속을(politikai tevékenység folytatását) 금지했고, 전국에 걸쳐 비상 계
엄령을 선포했으며(rendkívüli katonai állapotot vezettek be az ország
egész területén), 이후 정치적 반대자들에 대한 보복이 뒤따랐음. 민주
공화당 총재인 김종필(Kim Dzong Phil)에게 3천 6백 만 달러를 부정하
게 축재하였다는 명목으로, 반면 김대중(Kim De Dzsung)과 신민당의

---

[46] 실제 대통령 취임일은 1980년 9월 1일.

○ ○ ○ ○ ○ ○ ○ ○ ○ ○ ○ ○

총재인 김영삼(Kim Jong Szam)에게는 국가 안전에 대해 위해(危害)(ország biztonságát veszélyeztető)를 범했다는 이유로 죄를 씌움. 야당 대표들을 제거한 후, 거대한 정화 활동(nagy tisztogatási akció)이 뒤따랐는데, 이 와중에 5만 명 이상의 사람들을(több, mint 50 ezer embert) '사회적으로 위험한 요소(a társadalomra nézve veszélyes elemet)'로서 노동교화소(átnevelő munkatábor)[47]로 감금했으며, 여기에서 다른 생각을 가진 사람이 되지 않도록 이들을 '돌봄(gondoskodnak)'. 이 활동을 통해(az akció révén) 전두환은 자신의 정치적 구상에 따라 전체 국가기관(államapparátus)을 정화했음.

올해 9월 2일에 박정희의 죽음 이후 3기 정부가 구성되었는데, 이 구성원들 중에는 박정희 시절에 장관직을 수행했던 이가 한 명도 없음(nincs egy sem, aki Pak Csong Hi idején is miniszteri tisztséget töltött volna be). 전두환은 이러한 방법으로 새로운 내각이 어두웠던 과거(sötét múlt)와는 아무런 상관이 없음을 보이고자 함.

이와 유사한 생각에서, 게다가 향후 가능성 있는 정치적 반대자들을 권력에서 가까운 곳으로부터 제거하고자(jövőbeli lehetséges politikai ellenfeleket eltávolítsa a hatalom közeléből), 전두환은 이전에 공직을 역임한 군인들을 정부 내각에서 제외시켰음(kizárta a kormányból az ott korábban tisztséget viselt katonákat).

---

[47] 삼청교육대.

국무총리는 유명한 테크노크라트(technokrata, 기술관료)인 남덕우 (Nam Dok U)가 됨. 남덕우는 경제학 박사이며, 세 곳의 경제대학교 (gazdasági főiskola) 교수이자 전 재무부 장관임. 그를 통해 운영되는 내각 구성원은 45-55세 사이의 연령들임. 그들 중 다수는 미국, 일본, 그리고 서독에서 학위를 취득했음. 내각의 6인은 박사 학위 또한 소지한 인물들임.

내각의 이러한 구성은 남한의 현재 불리하게 바뀐 경제 사정(jelenleg kedvezőtlenné vált gazdasági helyzet)과 연관이 있음. 남덕우는—임명에 즈음한 연설에서—우선 국가의 전통적 경제 협력자들과의—미국, 일본과—관계 발전에 전념할 것이라고 함. 이와 더불어 남한에서는 계속하여 수출주도형 경제발전(exportmodellű gazdaságfejlesztés)이 그 특징이 될 것이라고 함.

전두환은 이 외에도 정부의 민주적 외양을(demokratizálásának látszatát) 보여주는 일련의 조치들을 시도하며, 내정 문제의 해결에 (belpolitikai problémák megoldására) 강조점을 둠. 이 분야를 다루는 정부 관료들 중 많은 수는 이전에 오랜 기간 동안 중앙정보부(Koreai CIA)에서 근무했던 사람들이었는데, 이것은 이 사안의 중요성을 보여줌.

남한의 새로운 조각(組閣)은 국가의 경제정책 문제에 대한 해결에 개입하고 싶어 하지 않는 것처럼 보임에도 불구하고, 이것이 전두환의 실제적인 권력의 약화를 의미하는 것은 아님(nem jelenti azt, hogy Cson Du Hvan tényleges hatalma meggyengült volna). 대통령으로 선출된 후 전두환은 첫 기자회견(sajtókonferenciája)을 하는데 2주가 걸렸는데, 이 기자회견 전부는 국가의 정치적 미래에 관한 질문들로 할애되었음. 전두환은 북한으로부터 향후 계속되는 위협 속에서 남한의 민주화는 분명한 한계가 있으며, 이러한 내정 상황의 안정 이후에야 민주화를 계속 이어갈 수 있다(csak a belpolitikai helyzet stabilizálódása után lehet folytatni a demokratizálást)는 의견을 고수했음. 1980년 10월 17일 이후 계엄 상태의 요건들이 완화될 것이라고 전함. 당해 11월 말, 12월 중순에 정치활동금지를 해제하며, 반면 1981년 3월로 일정이 잡힌 대통령 선거 이전에는 계엄령의 전면 해제를 약속함. 그 이후인 내년 6월에는 남한에서 실제적인 민주 정부가 활동을 펼칠 수 있도록 국회의원 선거(parlamenti választások)가 예정되어 있음.

남한은 1980년 10월 22일에 국민투표(referendum)를 통해서 수용한 새 헌법의 내용에 따라 대통령제 공화국(大統領制 共和國, elnöki köztarsaság) 체제로 남았음. 부분적으로는 국회의 권한, 부르주아-민주주의의 자유권 /표현, 언론, 집회 등/이 확대되었으며, 반면에 오로지 박정희의 개인적인 권력 강화에 복무했던(Pak Csong Hi személyes hatalmának erősítését szolgálta) 통일주체국민회의(Egyesítés Nemzeti Konferenciája)는 폐지됨.

남한의 새로운 헌법은 만약 전두환이 대통령의 자리에서, 그리고 선거 전에 자신의 입지를 강화시키기 위한 조치를 취하지 않았다면, 부르주아-민주주의 방향으로의 전환에 대한 선결조건을 창출했을 것임(létrehozhatta volna a burzsoá-demokratikus irányításához való áttérés előfetételeit). 이미 앞서 언급한 바, 이전의 정부관료들과 야당 지도자들의 대부분은 여론 앞에서 불명예를 감당하며 정치 무대에서 물러날 수밖에 없었음. 굴복시킬 수 없는 야당의 지도자들은—김대중을 필두로 해서—실제적인 생존의 위협을 받고 있으며(fizikai létükben vannak veszélyeztetve), 이미 전두환에게 이들이 현실적인 장애를 의미하지는 않음(már nem jelentenek tényleges akadályt Cson Du Hvan számára). 이 외에도 새 헌법에 따라 일정 구(舊) 정당들은 해산을 해야만 함. 전두환은 한 기자회견에서 현재 양당제(kétpárt-rendszer)는 한국의 요구에 맞지 않으며, 다당제(többpárt-rendszer)로의 변환이 더 유익하다는 의견을 피력함. 이 발언 뒤에는 다음의 복안들이 감춰져 있을 수 있음. 전두환이 민주화의 방향으로 전환하는데 있어서 어떤 일정들을 제시했는지를 살펴본다면, 이 시간이 반대자들에게는 새로운 정당을 만들고, 두세 달이라는 기간은 합당한 재원과 선거에 나설 후보들을 공천하는데 아주 부족한 시간이라는 것이 분명해짐. 한편, 다른 측면으로 대규모 인원의 국가기관(államapparátus)인 군대는 전두환의 공천자를 지지하는 그러한 정당의 출현에 대해 안전판(biztosíték) 구실을 함. 거의 선거 때까지 유지할 수 있는 계엄령은 국가를 완전하게 감독할 수 있도록 전두환에게 그러한 가능성을 제공함.

이전의 시도들이 실패했음에도 불구하고, 전두환과 남한 지도층에게 어떤 경우든 민주화, 또는 최소한 그것의 외양적인 유지(demokratizálás, vagy legalábbis látszatának fenntartása)가 필요한 것은 분명함. 하지만 가장 엄격한 감독 하에서(a legszigorúbb ellenőrzés mellett) 민주화를 실현시키고자(진행시키고자) 함.

전두환은 국민들로부터 인기를 얻기 위해서는(növelje népszerűségét a lakosság körében) 모든 것을 행함. 보건과 교통 상황에 대한 개선을 하고자 하며, 각종 사회보장 프로그램들(különböző szociális programok)을 실현시키고자 한다고 언급함. 지방으로 자주 내려가며, 그 곳 현지에서 각종 사회 계층을 대표하는 사람들과 만남을 가짐. 실제적으로 전두환은 이미 대통령 선거 캠페인을 시작했다고 말할 수 있음 (Gyakorlatilag azt lehet mondani, hogy Cson Du Hvan már megkezdte az elnökválasztási kampányt).

전두환의 내정은 반정부 시위의 재발로(kormányellenes harc visszaeséséhez) 이어졌는데, 이전 통치로부터 각성한 국민 계층에서 (korábbi vezetésből kiábrándult lakosság körében) 변화에 대한 요구는 높으며, 무엇보다도 10월 22일에 새로운 헌법과 관련된 국민투표에서는 투표권을 가진 사람 중 약 92%가 참가했다는 것도 이를 보여줌.

가까운 미래에 남한에서는 대통령 선거 이전, 전두환에게는 입지를 계속 강화시키기 위한 가능성을 제공하는 계엄령 하에서, 안정된

상황이 유지될 것으로 보임. 동시에 전두환의 몇몇 극단적인 조치 (szélsőséges intézkedés)들로 /예를 들면 김대중에 대한 사형언도로서 (pl. Kim De Dzsung halálos ítéletével)/ 인해, 그리고 남한의 경제적 상황 악화와 관련하여 국민의 불만이 불붙게 되는 것에 대해서도 완전하게 그 가능성을 배제할 수는 없음.

서명
/에뜨레 샨도르(Etre Sándor)/
대사(nagykövet)

09_ 베트남의 남한 포로 석방 관련 자료 해제

　　　　　사이공이 함락될 당시, 현지의 한국 대
사관에서 탈출하지 못하고 포로가 된 한국인에 대해서는 몇몇 자료
가 현재 전해지고 있다. 하지만 헝가리의 외교기밀문서는 한국의 자
료들이 채우지 못하는 일부의 틈을 메워주고 있는데, 이러한 '틈을
메우는 자료'로서의 역할을 하는 예로서 이 사건과 관련된 자료를 소
개하고자 한다.

1980

KÜLÜGYMINISZTÉRIUM

003071

1980.I7.17.

IV.

eredete: Hanoi

száma: 77/RJ/05125.

TÁRGY:

Dél-koreai foglyok vietnami sza-
badon bocsátása.

VISSZAMINOSITVE

Dél-Korea

XIX-J-1-j · 1980-d-Korea-44-00 3071-1980

[09] 베트남의 남한 포로 석방 관련 자료의 표지

문서번호: 마이크로필름(Microfilm) 롤(Roll) 번호: 53701.
　　　　　프레임(Frame) 번호: 2007 0000 3091 - 2007 0000 3094
발　　　신: 주(駐) 베트남 헝가리 대사관. 하노이, 1980년 4월 14일.
기밀등급: 1급 기밀

기밀전문 (REJTJELTÁVIRAT)

제목: 베트남에서 남한 포로들의 석방

　호앙 빅 선(Hoàng Bích Sơn) 외무성 부부장(külügyminiszter-helyettes,
차관)은 4월 12일에 긴밀한 협력관계에 있는 사회주의 국가들과 라
오스, 캄보디아의 외교 공관 지도자들(külképviseleteinek vezetői)을
초청하여 그들에게 아래와 같은 안내를 하였음.

　1975년 사이공 함락 시(1975-ben saigon felszabadításakor), 남한의
대사관에서 외교관으로(diplomtaként) 근무하던 3명의 고위 중앙정보
부(KCIA) 장교(3 magasrangú kcia tiszt)가 포로로 되었음(fogságba esett).
북한은 3인의 중앙정보부(KCIA) 장교에 대해 그들에게 인도하기를
요청하였는데(kérte, hogy nekik adják át őket), (베트남의 담당자들
은) 국제법을 언급하며(a nemzetközi jogra hivatkozva) 이에 응하지 않
았음(ettől elzárkoztak). 반면 3인의 장교들에 대해 회담을 속개하고자
(tisztekről tárgyalásokat folytassanak), 뉴델리(új-delhi)에서 남북 간의
회담(észak és dél-koreaiak között találkozó)을 주선했음(szerveztek).
북한은 남한 장교 1인당 남한에서 구금중인 애국인사 30인의 석방을

요구했음(kndk 1 dél-koreai tisztért 30 délen forvatartott hazafit kért). 이 제안은 서울의 정권에 의해 거부되었고(elutasította), 회담들은 지지부진해졌으며(elhúzódtak), 이후 결렬되었음(majd megszakadtak). 남한의 장교들을 /베트남에서 그들은 외교관으로 인정받지 못했음(nem ismertek el diplomatának)/ 이미 5년이나 구금했기에(5 éve tartották fogva), 더 이상 이를 지속시키는 것도 불가능했음(nem lehetett tovább folytatni). 지금까지도 단지 북한과의 관계 때문에(kndk-hoz fűződő kapcsolatok miatt) 그들을 데리고 있었음.

베트남사회주의공화국(VSZK) 정부는 잘 알려진 인도주의 정책에 입각하여(humanitárius politikájából kiindulva), 3인의 장교를 석방하기로(a 3 tisztet szabadonbocsátja) 결정하였음. 그들은 자신들이 원하는 곳으로 갈 것임(oda távoznak, ahová akarnak). 스웨덴 적십자사의 도움으로(svéd vöröskereszt segítségével) 그들은 오늘 베트남을 떠남.

외무성 부부장은 강조한바(aláhúzta),

1./ 향후에도 북한과 친선 관계를 유지할 수 있도록 노력할 것이지만, 국제법도 어길 수는 없음(a nemzetközi jogot nem sérthetik meg). 북한의 반응이 부정적일 것(negatív lesz)이라는 것도 예상했으나, 이에 대해서 분명한 대답(határozott válasz)을 하는 것임.

2./ 베트남사회주의공화국은 서울의 정부와 어떠한 접촉도 가지지

않았으며(semmilyen kapcsolatba nem lépett), 서울의 정부를 인정하지 않고(nem ismeri el), 장교들을 서울의 정부로 건넨 것이 아니라, 그들을 석방했을 따름임(ket nem annak adta át, hanem szabadon bocsátotta őket). 베트남사회주의공화국은 단지 뉴델리의 3자 회담(3 oldalú tárgyalás)에 참여를 하였음.

　참고로 말하길, 장교 한 명은 중병을 앓았으며(súlyosan megbetegedett), 죽음을 맞이할 수도 있었던 상황이 이 일련의 일들을 본격적으로 처리하게끔 했고(esetleges halála komolyan bonyolította volna az eseményeket), 이는 베트남의 결정을 조금 더 앞당기는 것(a vietnami döntés előbbre hozását)에도 역할을 하였음.

= 77 = 떠마쉬(tamás) = + + +

10_ 5·18 광주 민주화 항쟁 관련 자료 해제

          최근 공개된 한국의 외교문서들은 5 · 18 광주 민주화 항쟁 이후 전두환 정권이 유럽에서 외교력을 발휘하기가 상당히 곤란한 입장에 놓이게 된 사실을 구체적으로 알려주고 있다. 하지만 실제로 당시 이 '항쟁'이 발생한 상황을 두고 북한의 외교 활동은 어떠했는지에 대한 자료는 상당히 부족한데, 헝가리의 자료가 조금이나마 그 부족한 부분을 채우고 있다. 여기에 실린 헝가리 외교문서 중 5 · 18 광주 민주화 항쟁 관련 자료는 일부이며, 전체 자료에 대한 해제는 아직 상당한 시일이 걸릴 것으로 생각한다. 그 이유는 (헝가리) 외교문서의 특징상, 여러 자료에 5 · 18 광주 민주화 항쟁 관련 자료가 산재되어 있기 때문이다. 언젠가 전체 자료에 대한 해제가 이루어진다면 많은 연구자와 관심 있는 일반 독자들은 맥락적 의미를 찾아 더욱 쉽게 자료에 접근할 수 있을 것으로 기대한다. 그리고 (헝가리) 외교문서의 또 다른 특징이라고 할 수 있는데, 자료들에서는 일반적으로 단정적 표현이 자제되고, 맥락에 대한 이해 없이 자료의 의미를 파악하기 어려운 경우가 종종 등장한다. 광주 민주화 항쟁과 관련하여, 그 시기에 사회안전부 부장이 중국 국경 근처에 머물렀다는 점은 당시 '북한의 개입'에 대한 부정적 해석의 에두른 표현이라 할 수 있을 것이다.

63 3877/1980

A Magyar Népköztársaság
Minisztertanácsának

A Koreai Népi Demokratikus Köztársaság Nagykövetsége
tiszteletét fejezi ki a Magyar Népköztársaság Minisztertanácsának és van szerencséje átadni a politikai pártok és
a társadalmi szervezetek május 20-i közös nyilatkozatát.

Az utóbbi napokban Dél-Koreában napról napra erősödik
a társadalom demokratizálásáért és az élethez való jogokért
folytatott tömegméretű harc.

A közös nyilatkozat a dél-koreai titkosszolgálat
igazgatójának, Dzon Du Hvan-féle katonai fasiszták népmegtorló mesterkedéseit leleplezi és elítéli.

A Koreai Népi Demokratikus Köztársaság Nagykövetsége
megragadja ezt az alkalmat is, hogy a Magyar Népköztársaság
Minisztertanácsát őszinte nagyrabecsüléséről biztosítsa,
és kifejezi azt a meggyőződésünket, hogy a dél-koreai katonai fasiszták elkövette népellenes megtorlásokat fogják leleplezni és elítélni, s olyan intézkedéseket fognak hozni,
amelyek révén aktiv támogatásukat és szolidaritásukat fejezik ki a dél-koreai nép és tanulóifjúság igazságos harca
iránt.

Koreai Népi Demokratikus Köztársaság

Budapest, 1980. május 22.

[10] 5·18 광주 민주화 항쟁 관련 자료 중 일부

문서번호: 마이크로필름(Microfilm) 롤(Roll) 번호: 53701.
　　　　　프레임(Frame) 번호: 2007 0000 2107 - 2007 0000 2114
발　　　신: 헝가리 인민공화국 외무성 제4 지역국, 써보 페렌쯔(Szabó
　　　　　Ferenc). 부다페스트, 1980년 5월 27일.
기밀등급: 1급 기밀

제목: 조선민주주의인민공화국의 정당들, 대중조직들의 공동 '성명
　　　(Nyilatkozat)', 북한 대사의 방문

　5월 24일에 조선민주주의인민공화국 외무성 본청의 명령으로 대
사관의 외교각서(nagykövetségi jegyzék)를 소지한 김용순 대사 동지
를—그의 요구로—접견했는데, 그는 아국(我國) 정부에 대해 최근 남
한의 사태와 관련하여 북한 정당들과 대중단체들의 5월 20일 공동
'성명'을 /하지(Házi) 동지의 사본에 첨부하여/ 건넴.

　비슷한 목적으로 23일에는 당 중앙위원회 외무국 부국장인 버르거
이슈뜨반(Varga István) 동지를 방문했다고 그는 전함.

　'성명'에 대해 언급하며 대사는 (남한의) 군대가 처음부터 어떠한
민주적 목적을 가진 조치에 대해서도 수상스럽게 처신했고(bizalmatlanul
viseltetett), 그들에게 불리한 상황이 반전되는 기회를 노렸다며, 박정
희 전(前) 독재자(Pak Csong Hi néhai diktátor)의 죽음에까지 거슬러
사건들을 풀어 나갔음. 이미 12월에 쿠데타적으로(puccsszerűen) 악
명 높던 남한의 정보부(중앙정보부, hírszerző hivatal)를 포함한 모든

무력을 제압하는 지배력(összes fegyveres erő feletti hatalom)을 그들이 쥐게 되었고, 외관상 정부의 민주적인 조치들 및 북한과 진행되는 전문가 회담(szakértői tárgyalások) 과정을 북한은 점차 미심쩍게 여기게 되었음. '독재자 없는 독재(diktátor nélküli diktatúra)' 체제의 특징을 유지하면서 군사 쿠데타로써(katonai puccsként) 전권(teljes hatalmat)을 그들이 쥐기 위해 교육 개혁을 요구하는 학생들의 운동을—민주적인 권리의 확대를 요구하며 시민, 노동자, 농민의 일부 계층은 차후에 이 학생들의 운동에 결집됨—좋은 구실로 삼았음. 남한 군부의 집권 절차는 박정희의 방법들을(Pak Csong Hi módszereit) 상기시킨다고 대사는 강조함.

대사는, 독재자의 죽음에 이은 정부는 외양적인 조치들과 형식적 약속들로 민중을 오도했으며, 이들 어떠한 것도 실현시키지 못한 데서 사태의 원인을 찾음. 변화를 추구하고 요구하는 계층들에게 새로운 지도부에 대한 믿음은 환상이라는 것임이 증명되었음.

따라서 한편으로는 미심쩍은 군 지도자들이(bizalmatlan katonai vezetők), 다른 한편으로는 약속의 실현을 기다리던 사람들이, 그리고 나중에는 이를 요구하던 사람들이 정부에 압박을 가하게 되었음. 일련의 시위들을 위협적으로 느끼며, 군 지도부는 직접적으로 '정부를 쫓아내고(menesztette a kormányt)'[48], 반복해서 소위 '북의 침략 위

---

[48] 당시의 최규하 정부를 의미한다.

험(északi támadás veszélyére)' 운운하며 계엄령을 포고함.

대사는 한편으로는 중앙정보부의 미국 파트너와의 긴밀한 협력에 대해, 다른 한편으로는 5월 초 이래로 남한의 해안에서 진행되는, 그 유일한 목적은 불만을 피력하는 대중을 위협하는 것인, 대규모 한미 군사합동훈련에 대해 언급하며 미국의 협조를 거론함. 미국이 직접 적으로 간여를 하지 않는다고 하더라도 배후에서 이러한 협력관계는 잘 관리가 되는 것임. 그들의 목적은 변함없이 '독재자 없는 독재'의 유지('diktátor nélküli diktatúra' fenntartása)이며, 남한의 군사 기지들을 온전하게 하고, 분단을 유지시키는 것임.

이 상황에서 북한은 '성명'에서 상황을 분석하고, 사태의 원인이 정부에 불만을 가진 민중이지, 소위 "북한 게릴라의 침투 선동 활동"(u.n. "északi gerillák behatoló felbujtó tevékenysége")이 아니라는 것을 보이며, 그들이 어떠한 변화를 취하게 되든지 남한의 내정에 간섭하고 싶어 하지 않음을 확실히 할 필요성에 대해 인식함. 반복하여 분명하게 남한 사회의 민주적 권리의 보장, 정치적 수형자들의 석방, 그리고 독재 체제의 청산이라는 문제의 해결에 대해서 밝힘. 반면 통일과 관련해서는 무엇보다도 미군을 철수시켜야 하고, (통일, 혹은 통일 논의의) 민주적인 진전을 보장해야 하며, 이로써 남북이 대화의 방법으로 통일을 해결해나갈 수 있는 조건들이 마련됨.

대사는 통일을 이룩하는 것은 무력 또는 평화적인 방법으로 가능

(fegyveres vagy békés úton lehet)하지만 현재의 상황에서 무력적인 해결은 지역적인 틀을 넘어설 것이며, 세계의 평화와 안전을 위협하며, 세계적인 분쟁을 야기시킬 것이라고 특히 강조했음. 사회주의 국가들 또한 현재 긴장 완화와 평화 보장을 위해 전폭적인 활동을 강화하고 있으며, 한국문제(koreai kérdés)에 있어서도 그러한 기조로 행동함. 세계의 여론 또한 평화 통일을 신봉하며, '성명'에서 다시금 그들의 입장을 분명히 할 수 있는 것 또한 이 공동 성명을 발표하고자 하는 이유임.

게릴라 방식(gerilla-módszer)들로는 통일을 원하지 않는데, 왜냐면 이는 전쟁 발발의 빌미를 제공할 수 있음.

마지막으로 우리 헝가리의 언론이 이런 방향으로 논지를 펴는데 대한 인정(認定)의 발언과 헝가리 측이 앞으로도 계속 전두환, 군 참모총장, 중앙정보부 부장49)을 정점으로 한 남한의 파시스트 정권에 대해 지속적인 비판 및 헝가리 측은 북한 인민의 정의로운 투쟁에 대해 전통적인 연대의식(hagyományos szolidaritásukat)을 표명할 것을 확신한다고 발언했음.

게다가 짧게—알려진 사실들에 적합하게—제8차 판문점 전문가 회담들(a 8. Panminzsoni szakértői tárgyalások)의 5월 22일 회의에 대

---

49) 당시 전두환은 중앙정보부 부장 서리를 겸직하고 있었음.

해 안내를 했음. 거기에서도 회담 진행과 더불어 북측으로부터 대화의 문을 닫는 것은 바라는 바가 아님을 확인했고, 만약 남측이 반민족적인 보복을(népellenes retorziókat) 멈춘다면, 6월 24일로 예정된 새로운 회담의 준비가 되어 있음을 강조했음.

안내에 감사하며, 사태들과 관련하여 우리 헝가리의 평가는 그들의(북한의) 것과 일치함을 확인시켜 주었고, 헝가리의 여론은 크게 주목을 했으며, 상황의 변화를 예의 주시하고 긴장이 고조됨을 지켜보며 염려하고 있음을 알림. 남북한 간 회담의 실재와 그 진행, 민주화 과정의 초기 결과들이 미국에게도, '미국의 동맹들(szövetségeseinek)'에게도 맞지 않았고, 긍정적으로 출발한 과정들을 방해할 것이라는 것은 예상할 수 있었던 바이며, 실제로 그렇게 되기도 했다는 것을 강조했음.

헝가리 지도부는 북한의 차분하고, 사려 깊은 대응과 대외적으로 천명한 입장을 (높이) 평가할 것이라고 강조했음. 성명서는 담당자들에게 전달할 것임을 약속했음. 평양의 헝가리 대사관을 통해서 목전(目前)의 자료들은 이미 알려진 바이며, 언론을 통해서도 남북한 문제에 관하여 잘 알려진 우리의 입장들을 확인할 수 있을 것이라고 말했음.

통일은 복잡한 과정이고, 하나의 사회주의 국가와 하나의 파시스트 정권 사이에서는 생각할 수 없는 것임. 이 때문에 외국 군대의 철수와 사회 민주화를 통해서 더 나은 조건들을 창출해야 함. 전문가 회담의 가장 최근 상황과 관련하여 우리도 현재 상황에서 더 많은 것을 기대하지 않고 있었음.

원론적으로 헝가리의 지속적인 지원에 대해 확답을 했음.

대사는 적극적으로 하지 벤쩰(dr. Házi Vencel) 박사(博士) 동지의 북한 방문을 준비하고 있으며, 프로그램의 최종 수정본을 작업하고 있는데, 본청으로부터 이에 대한 안내를 받는 즉시 지체 없이 헝가리 측에 알리겠다고 말함.

우리 또한 준비를 진행 중인 상황이며, 현재의 상황은 동지적인, 진솔한 의견교환의 중요성을 배가시키고 있다고 알렸음.

참조

- 헝가리 언론 매체는 아주 상세하게 한국의 사태를 다루었고, 다루고 있음.
- 중앙지들, 라디오와 텔레비전은 북한의 '성명'을 (일반 대중들에게) 알렸음.
- 헝가리 언론의 반응에 대해서 해당국(該當局)은 계속해서 평양의 헝가리 대사관에 알렸음.

○ ○ ○ ○ ○ ○ ○ ○ ○ ○ ○ ○

제안

　아국(我國) 언론이 앞으로도 이 문제를 다루되, 사태의 일정 부분을 제외하고, 그리고 전후 관계에 대해, 잘 알려진 미국의 남한 전략의 가치들에 대해, 페르시아만에서 극동에까지 펼쳐진 미국의 실체에 대해, 이러한 정치적 영향들에 대해, 계속해서 주목할 만한 중국의 침묵에 대해, 미국과 연루된 공범적인 행동에 대해 강조하는 바를 조율하도록 제안함. 남북한 사태의 일본 반응과 일본의 내정 사건들에 끼친 영향들을 다룰 것.

　MTI[50])의 워싱턴, 도쿄, 베이징 특파원들은 이에 합당한 지시를 받을 것.

　부다페스트, 1980년 5월 27일

　　서명
　(써보 페렌쯔, Szabó Ferenc)

---

[50]) Magyar Távirati Iroda. 헝가리 통신사.

문서번호: 마이크로필름(Microfilm) 롤(Roll) 번호: 53701.
　　　　　프레임(Frame) 번호: 2007 0000 2115[51]
발　　신: 조선민주주의인민공화국 (Koreai Népi Demokratikus
　　　　　Köztársaság).[52] 부다페스트, 1980년 5월 22일.

헝가리 인민공화국(A Magyar Népköztársaság)

각료회의에 부침(Minisztertanácsának)

　조선민주주의인민공화국은 헝가리 인민공화국 각료회의에 존경을
표하며, 정당들과 사회단체들에게 5월 20일의 공동 성명을 드리는 영
광을 가지는 바입니다.

　최근 남한에서는 사회의 민주화를 위해, 그리고 삶에 관한 권리를
위해 지속된 대중적 규모의 투쟁이 날을 거듭할수록 강화되고 있습
니다.

　본 공동 성명은 남한 첩보기관의 장(長)인 전두환을 추종하는(Dzon
Du Hvan-féle) 군부 파시스트의 인민억압 책동들을 폭로하고 규탄합
니다.

　조선민주주의인민공화국 대사관은 헝가리 인민공화국 각료회의를
진실로 높이 평가할 수 있는 기회를 갖게 되었으며, 조선민주주의인

---

51) 이 문서는 앞서 소개한 문서(마이크로필름(Microfilm) 롤(Roll) 번호: 53701. 프레임
(Frame) 번호: 2007 0000 2107 - 2007 0000 2114)에 첨부된 자료이기에 별도로 '기밀등급'
에 대한 표시가 기재되어 있지 않다.
52) 헝가리어로 북한의 국명은 '조선인민민주주의공화국(Koreai Népi Demokratikus Köztársaság)'
이며, 흔히 이를 줄여서 KNDK로 표기하곤 한다. 이하 본문에는 이를 모두 '조선민주
주의인민공화국'으로 기재하였다.

민공화국 대사관은 당신들께서 남한의 군부 파시스트 집단이 저지른 반(反)인민 억압들을 폭로하고 규탄할 것과 남한 인민과 학생 청년 (tanulóifjúság)들의 정의로운 투쟁에 대해 적극적인 지원과 연대를 표명하는 조치들을 취하리라고 우리의 확신을 표하는 바입니다.

조선민주주의인민공화국
부다페스트, 5월 22일

직인 (웽그리야⁵³⁾인민공화국 주재 조선민주주의인민공화국 대사관)

---

53) 북한에서는 소련어에서 차용한 명칭을 좇아 헝가리를 '웽그리야'라고 칭한다.

문서번호: 마이크로필름(Microfilm) 롤(Roll) 번호: 53701.
　　　　　 프레임(Frame) 번호: 2007 0000 3059 - 2007 0000 3064
발　　신: 주(駐) 일본 헝가리 대사관. 도쿄, 1980년 5월 28일.
기밀등급: 1급 기밀

제목: 남한의 사건 전개에 대한 일본의 평가

　　일본의 정치계와 경제계(politikai és üzleti körök)에서는 남한 민중 운동의 확대(délkoreai tömegmozgalmak kiszélesedése)와 정치계(politikai élet)에 대해 군대의 공공연하고 거친 개입(durva beavatkozás)에 관한 뉴스로 매우 불안해 함. 일본 정계는 박 대통령 암살(Park elnök meggyilkolása)[54] 이후 등장한 허약한 민주화 과정(csenevész demokratizálási folyamat)이 끝날 수 있으며, 군대도 지배가 불가능한 그러한 '혼동 상태들(kaotikus állapotok)'이 발발할 수도 있다고 두려워하고 있음. 한반도와 이 지역의 안정화, 현상유지(status quo)의 공고화를 희망하는 일본에게 있어서 공공연한 군사 독재로의 회귀 가능성(nyilt katonai diktatúrára való visszatérés lehetősége) 역시 아주 매혹적인 전망은 아닐 것임.

　　당시에 보고를 했던 바, 작년 12월 12일의 쿠데타 이후 여기 현지의 정치 전문가들은 실제적인 권력을 직접 거머쥔 소위 '젊은 장군들(fiatal tábornokok)'이 무대 뒤에서의 역할(színfalak mögüli vezetés szerepe)에 만족해 할 것이며, 느릿하게, 주저하면서도 '제한된 민주주

[54] 각주 31) 참조.

의(korlátozott demokrácia)'를 세우는 데 길을 내 줄 수밖에 없을 것으로 여기고 있음. 시민 야당들과 일반대중들 또한—계엄령(statárium)과 새로운 군인들의 권력 접수 가능성 이라는 위협적인 상황 속에서 —정부가 발표한 '민주화(demokratizálási)' 이행 계획을 알고 있다는 사실에 대해 (제한된 민주주의가 진행될 것이라는) 믿음을 가지고 있음. 일본과 미국의 은행자본은 동시에 상당한 은행여신(bankhitel)과 차관(kölcsön)으로 악화되는 남한 경제를 긴급히 지원함.

남북한 간의 대화와 있을지도 모를 총리급 회담의 가능성(miniszterelnöki szintű találkozó lehetősége)은—이 전문가들의 의견에 따르면—한반도를 지배하고 있는 군사적 긴장의 완화, 목하 현상유지의 공고화(status quo megszilárdítása) 외에도 남한 군대의 중요성과 정치적 영향력을 약화시키는 결과를 가져올 수도 있었을 것임. 일본 외무성은 이 때문에 '민주화 과정(demokratizálási folyamat)'과 남북한 간의 대화, 이 모두를 성원했음(bátorította). 지난주의 사건들은 일본 외무 관료들의 지나친 낙관주의(túlzott optimizmus)를 반증(反證)한 것임.

소위 민주화의 아마도 유일하게 중요한 결과(talán egyetlen jelentősebb eredménye)는 2월에 600여 명의 유명인사에 대한 정치적 복권이 있었다는 것인데, 왜냐면 김대중(Kim Dae Jung), 윤보선(Yung Po Sun) 및 다른 사람들의 경우에서 볼 수 있듯이, 박 대통령과 '유신(Yushin)' 독재의 가장 일관되고 가장 유명한 대항자들에게 까지도 이 조치는 영향을 끼쳤기 때문임. 야당 정치인들과 정당들의 활성화, 남한 사회의 거의 모든 계층으로 확장되는 소동은 동요를 일으켰음. 최규하 대통령과 신현확 당시 국무총리는—장성단(將星團) 의도의 온화한 수행자들(a tábornoki kar akaratának engedelmes végrehajtói)—새로운 헌법 구상과 국민투표 실행을 당해 후반기로 약속했지만, 대통령선거 마감일과 관련된 문제에서 이미 아주 불확실하게 발언했으며, 이 와중에 독재의 실제적인 잔재 /계엄령 해제, 검열 철폐 등(statárium megszüntetése, cenzúra eltörlése, stb.)/ 청산을 위한 어떠한 일도 일어나지 않음(nem történt semmi).

하지만 야당인사들의 석방 이후 시작된 동요의 진행은 최소한 대학생들이 민주적인 자유권의 회복을 요구하며, 전국적인 규모를 가진 운동의 조직화를 수행하기에는 충분한 것이었음. 정치적 운동과 병행하여 노동자계급의 불만이 기아폭동(éhséglázadás)의 성격을 지닌 대규모 데모(éhséglázadás jellegű tömegtüntetésekbe)와 파업으로 이어졌음.

남한에서는 1/4분기에도 계속 경제 상황이 악화되었음. 16년 이래 처음으로 경기후퇴(gazdasági visszaesés)가 초래되었음. 산업 생산은 1.8%, 서비스 분야 활동은 5.2% 감소되었으며, 실업자 수는 3천7백만 인구에서 80만을 웃돌며, 인플레이션도 25%로 증가했음. 무역 수지 개선으로 시행한 조치들/원화 가치의 절하와 차관 도입/이 안심할 정도의 결과를 가져오지 못함. 섬유산업 노동자들, 광부들, 그리고 다른 분야에서의 결연한 파업운동들은(elszánt sztrájkmozgalmai) 집권층 세력과의 대결로 이어졌음.

민간 정치인들과 시민 정당들의 지도자들 사이에서, 최규하 대통령과 국회 사이에서, 그리고 군대의 일부 지도자들 사이에서는 향후 대통령 직을 위하여, 또한 권력 장악을 위하여 싸움과 개인적인 불화가 격화되었음(felizzott). 이러한 상황에서 일본 정치권에서는 체제의 강력한 인물인 전두환(Chun Doo Kwon) 장군의 결정—물론 정부의 인가가 뒤따랐지만—을, 즉 기타 군인으로서의 역할 외에도 핵심적인 역할을 가진 중앙정보부(Koreai Központi Hírszerző Hivatal) /KCIA/의 지위까지 넘겨받게 된 것을 공공연한 개인 권력 창출로 방향 지은 조치(nyilt személyi hatalom megteremtése felé tett lépés)로서 평가함. 이를 뒤이어 데모들이 발발했으며, 최소한 당분간은 고립되어 있는 광주의 혁명적 운동(kvangzsui forradalmi jellegű megmozdulás)은 이미 새로운 민간 정부도 어떻게 할 수 없었던 공공연한 군사독재의 재등장에 대한 변명과 기회에 지나지 않았음(már csak ürügy és az alkalom volt a nyilt katonai diktatúra visszaállítására).

일본 신문기자들에 따르면 외무성에서는 (남한 내의) 불만들의 계속된 확장에 상응하여 경우에 따라서는 군대 또한 어찌할 수 없는 상황(esetleg a hadsereg is tehetetlen lesz)에 대해 실제로 두려워하고 있음.

일본 정치계에서는 지난 몇 주 휴전선 지역에서 소위 '북한 침투(északi átszivárgások)' 때문에 연이어 작은 사건들이 계속 일어났고, 남북 대화가 다시 좌절된 사실에 불안감이 점증함.

남한에서 실질적인 정치적 영향력을 가지고 있지 않은 일본은 미국과 중국으로부터 상황 정리와 관련된 협력을 기대함. 미국으로부터는 정치적 영향력과 군사적 실재[55]로서 군대 지도자들이 이성적인 양해를 할 수 있도록(ésszerű engedményekre szorítani) 하고, 야당 정치인의 다수를 역시 새로운 통합의 과정에 끌어들일 수 있도록 기대함. 중국과 관련해서 일본 정부는—여기에는 화궈펑(华国锋, Hua Kuo-feng)의 현재 공식 방문도 활용하며—북한 지도층이 남한의 내부 혼란을 '무력적인 통일(erőszakos országegyesítési)' 활동에 이용하지 말도록 베이징에 협조를 요청함.

　　상황은 아주 불안정한 것으로(rendkívül labilisnak) 판단하며, 정치적 해결 전망을 확신할 수 없음. 정부는 며칠 전 '진상조사 출장(ténymegállapító körútra)'으로 외무성의 가장 권위 있고 경험이 많은 한국 전문가인 마에다(Maeda) 전(前) 서울 대사를 남한으로 보냈음.

　　서명
꼬쉬 뻬떼르 박사 (Dr. Kós Péter)
대사 (nagykövet)

---

[55] 주한미군을 의미한다.

문서번호: 마이크로필름(Microfilm) 롤(Roll) 번호: 53701.
　　　　　프레임(Frame) 번호: 2007 0000 3065 - 2007 0000 3066
발　　신: 주(駐) 북한 헝가리 대사관. 평양, 1980년 6월 2일.
기밀등급: 1급 기밀 (Szigorúan titkos)

기밀전문 (REJTJELTÁVIRAT)

제목: 남한 사건들에 대한 소련의 의견

　소련 대사관의 참사관으로부터 나온 정보에 따르면 최근 남한 사태와 관련하여 외무성의 한 지도급 관료(KÜM egyik vezető beosztásban lévő tisztviselője)가 전하길, 야당 지도자들은 민주적 권리를 위해 지속된 그들의 투쟁에 대한 지원과 관련하여, 미국으로부터 부추김을 받았음(biztatást kaptak az USA-tól). 하지만 운동의 규모는 미국이 원했던 범주를 넘어섰으며, 이후 봉기를 진압하는 군인 지도자들에게 지원을 보장했음.

　북한의 정보원에 따르면56) 남한의 주민들만 불만에 찬 것이 아니라, 군대에서도 문제들이 상존한다고 함. 젊은 세대의 장교그룹은 나이든 장성들로부터 그들에게 지위를 요구함. 여러 이유 중에서도 이 때문에 남한의 불안한 상황의 새로운 여파가 있으리라고 기대됨.

---

56) 원문은 "A koreai informátor szerint"이며, 이는 남한의 정보원으로 해석도 가능하지만 문맥을 살펴 북한의 정보원으로 해석하였다.

평양 주재(駐在) 소련 대사관의 판단에 따르면 북한의 동지들은 이런 대규모의 운동들이 있으리라는 것에 대해, 광주에서는 봉기가 발생하리라는 것에 대해 준비를 하지 못했음. 동시에 소련의 외교관들은 북한이 봉기한 자들과 관계를 맺으려고 시도했으며, 광주 봉기의 날들에 '침투(beszivárgások)'가 있었다는 서방의 소식에 대해 믿고 있음(hitelt adnak azoknak a nyugati híreknek).

나의 의견으로 미국이 현재 남측의 지도자들을 통해 '추악한 일(piszkos munkát)'—야당 제거(ellenzék likvidálása)—을 수행케 하며, 이후 적절한 시기에(majd megfelelő időben) 남측의 지도자들 또한 예를 들어 박정희에게 일어났던 것처럼 내쳐질 것이라는 점을 보충한다면, 소련의 평가는 현실적임.

- 128 - E. -

문서번호: 마이크로필름(Microfilm) 롤(Roll) 번호: 53701.
　　　　프레임(Frame) 번호: 2007 0000 3067 - 2007 0000 3068
발　　신: 주(駐) 북한 헝가리 대사관. 평양, 1980년 6월 6일.
기밀등급: 1급 기밀 (Szigorúan titkos)

기밀전문 (REJTJELTÁVIRAT)

제목: 남한 상황에 대한 북한의 평가

『인민군(Néphadsereg)』이라는 기관지 부편집장으로 부터 얻은 정보에 따르면 북한 지도부는 현재 남한의 상황에서 권력이 군대와 전두환에게 장악되어 있다는 사실을 인지하고 있음. 당분간은 야당과 민중의 저항을 진압하고 있지만, 이런 상황이 오랫동안 지속될 수는 없을 것임. 그의 의견에 따르면 광주와 유사한 많은 봉기들 또한 있을 것이기 때문임.

전두환은 무장 세력의 10%의 지지를 즐기고 있을 뿐(fegyveres erők 10 százalékának támogatását élvezi csak)임.

남한의 사건들과 관련하여 소련과 다른 사회주의 국가 언론의 입장에 대해 북한이 감사를 표했음(elismeréssel nyilatkozott). 동시에 우리에게 전하길, 북한은 주로 정권의 배후에 있는 미국을 힐난하지 않은 중국의 언론동향에 대해 불만을 가짐(elégedetlennek a kínai sajtóvisszhanggal). 그가 말한 대로, 그들은 이에 대해서 공개석

상에서는 이를 거론할 수 없음(erről nem beszélhetnek a nyilvánosság előtt).

- 132. - E. -

문서번호: 마이크로필름(Microfilm) 롤(Roll) 번호: 53701.
　　　　　　프레임(Frame) 번호: 2007 0000 2124 - 2007 0000 2128
발　　신: 헝가리 인민공화국 외무성 제4 지역과, 써보 페렌쯔(Szabó
　　　　　　Ferenc). 부다페스트, 1980년 6월 25일.
기밀등급: 1급 기밀 (Szigorúan titkos)

제목: 북한 대사의 방문과 요청

　6월 24일, 주(駐) 부다페스트 북한 대사이며, 사회단체들에게 "평화
를 애호하는 세계의 민족들에게, 각 국가들의 진보적 사회단체들과
국제적 단체들에게 보내는 편지(Levél a világ békeszerető népeihez, a
különböző országok haladó társadalmi szervezetéhez és a nemzetközi
szervezetekhez)"라는 제목의 문서들을 건넨 김용순 동지를 해당인(該
當人)의 요청에 의해 접견함.
　그 '편지'와 관련한 논평에서 이런 시도를 통해서라도 남한의 새로
운 군사 정권에 대한 국제적인 고립에 기여하고 싶다고 언급함. 그
문건은 남한에 주둔하고 있는 미국 군대의 철수(a Dél-Koreában
állomásozó amerikai csapatok kivonását)와 파시스트 군사 정권(a
fasiszta katonai rezsim)을 통해 최근의 시위 참가자들을 대상으로 한
잔인한 진압에 대해 비난할 것을 요구함. 전두환을 추종하는 군사 정
권에 대한 비난으로, 조만간 국제적 고립으로 이어질 정도의 폭넓은
국제적인 운동(széles nemzetközi mozgalom)이 일어날 수 있도록 북
한은 외교 채널을 통해 세계의 많은 국가에 이 '편지'를 전함.

대사의 말에 따르면 북한 외무성은 세이셸(Seychelles) 공화국과 르완다(Ruanda) 공화국의 예를 따를 수 있도록, 그들의 수도에 남한의 대사관이 있는 모든 비동맹국가와 중립국들에게 편지를 전한다고 함. 이 두 국가는 최근 남한의 유혈사태(véres események)의 영향으로 남한과 외교적 단교를 단행했음(megszakította diplomáciai kapcsolatait Dél-Koreával).

현재 남한의 상황을 한국 전쟁 발발 30주년과 연결시키면서, 대사는 '연대의 달(Szolidaritási hónap)'의 프로그램 틀에서 이전과 유사하게 기념식을 치르고, 지금 특히 남한의 사태들이 실제적으로 대두되는 바, 조선 민족 관련 과업을 지원해 줄 것을 요청함. 그리고 만약 헝가리에서 전시회가 개최될 수 있다면, 본청에서 받은, 현재 소유하고 있는 사진 자료들로 그 전시회를 열고 싶다고 청했으며, 이와 더불어 기꺼이 우리 헝가리가 보유할 수 있도록 한국 전쟁을 다루고 있는 대사관의 모든 다큐멘터리 영화와 극화들을 영화상영회의 목적으로(egy filmbemutató céljára) 제공할 것이라고 함.

끝으로 북한의 의회 파견단 접견과 관련한 우리 측 회신에 대해 관심을 표명했음. 우리 헝가리 국회에서 진행되는, 많은 행사와 관련된 일들을 그들이 이해하고 있음을 그는 전했으며, 만약 헝가리를 방문하고자 하는 여러 다른 국가들의 후순위로 북한 파견단이 방문이 밀리게 된다 하더라도(ha hazánkba a többi meglátogatandó országot követően jönne küldöttségük), 그것도 그들에게는 괜찮다고 함.

나는 답변으로 그들의 '편지'를 감사히 접수하며, 우리 측 담당자에게 전할 것을 약속했음.

남한의 사태와 한국 전쟁 발발 30주년과 관련하여 남북문제에 대한 우리 헝가리의 연대는 전통적이며, 우리의 지원은 지속적이라고 강조했음. 전두환이 이끄는 신 군부 정권을 가능한 한 더더욱 폭로해야 한다는 것에 대해 대사의 의견에 동의했음. 이것을 헝가리 언론에 알렸음. 시간적으로 사건들과 조화를 맞춰가며, 지속해서 우리 헝가리의 여론을 북한 측에 안내했고, 게다가 뉴스 자료들 이외의 논평들에서 이미 잘 알려진 우리의 입장 역시 북한 측에 표명했음.

대사에게 우리의 연대가 지속되는 것 외에 현재 특별한 캠페인은 준비하지 않고 있다고 얘기함.

의회 파견단 접견 문제에서 아직 우리 측 결정사항이 없으며, 결정사항이 생기는 즉시 빠르게 알리겠다고 전했음.

대사는 6월 27일에 헝가리사회주의자노동자당 중앙위원회 외무국 부국장(MSZMP KB Külügyi Osztálya helyettes vezető)인 버르거 이슈뜨반(Varga István) 동지를 방문할 것이며, 그 자리에서 조선로동당 중앙위원회(Koreai Munkapárt KB)가 헝가리사회주의노동자당 중앙위원회(MSZMP KB)에 조치한 '서신'을 전할 것이라고 얘기함. 이 '서신'의 내용에 대해 자세한 정보는 전하지 않았음.

부다페스트, 1980년 6월 25일

　　서명

(써보 페렌쯔, Szabó Ferenc)

○ ○ ○ ○ ○ ○ ○ ○ ○ ○ ○ ○

문서번호: 마이크로필름(Microfilm) 롤(Roll) 번호: 53701.
　　　　　프레임(Frame) 번호: 2007 0000 2145 - 2007 0000 2146
발　　　신: 주(駐) 북한 헝가리 대사관. 평양, 1980년 5월 28일.
기밀등급: 1급 기밀 (Szigorúan titkos)

기밀전문 (REJTJELTÁVIRAT)

제목: 북한과 남한의 관계들

　　대화 중에 부부장(miniszterhelyettes, 차관)은 이진수(Li Dzin Szu)
(사회안전)부장이 남한의 사건[57] 이후 형성된 상황과 관련하여 보안
과업(biztonsági feladatok)을 현지에서 지도하기 위해 지방에 머물고
있다고 전했음.

　　나의 질문에 대답하면서 사회안전부장은 휴전선 가까이가 아닌
(nem a fegyverszüneti övezet közelében) 북한-중국 국경 지역의 여러
도(道)에 머물고(hanem a koreai-kínai határmenti tartományában tartózkodik)
있다고 했는데, 특히 이를 주목해야 한다고 여겨짐.

　　그는 말하길, 최근 남한의 소요사태(délkoreai zavargások) 이후, 우
선은 남측으로부터 반북(反北) 파괴적 활동(diverzáns tevékenység)이
문제를 일으키는 것이 아니라, 공화국의 북쪽으로 이주시킨 적대적
요소들의 책동(köztársaság északi felében letelepített ellenséges elemek

---

[57] 5·18 광주 민주화 항쟁을 가리킨다.

aknamunkája)들이 문제를 일으키고 있다고 함.

　사회안전부 요원들의 대다수는 모내기 과업에(a rizspalantálási munkában) 협력하고 있으며, 그 과업과 더불어 안전을 감독하고 있음.

- 121 - E. -

○ ○ ○ ○ ○ ○ ○ ○ ○ ○ ○ ○

11_ 아웅 산 묘역 폭탄 테러 사건 관련 자료 해제

소위 '아웅 산 사태'와 관련한 헝가리 외교밀문서의 경우, 일부를 제외하고는 헝가리 외무성 본청에서 작성한 자료와 인도 및 일본의 헝가리 대사관에서 작성한 자료들로 선별해 보았다. 일본 출처의 자료는 조총련의 의견을 다수 반영하고 있지만, 일본 사회당과 공산당의 의견 외에 당시 일본 외무성 관료의 발언 등도 흥미롭다고 할 수 있을 것이다. 그리고 당시 헝가리와 북한의 관계에 대해 첨언하자면, 같은 사회주의 이념의 형제국가로 상호 친밀하고 밀접한 외교관계를 유지했을 것이라는 짐작과는 다르게, 헝가리사회주의노동자당(MSZMP) 중앙위원회(KB)의 북한 관련 회의록 등을 보면, 북한은 이 시기에 이미 신랄한 비판의 대상이며, 오히려 헝가리는 남한의 접근, 혹은 남한과의 접촉에 상당히 우호적인 입장을 보인다. 따라서 북한의 입장을 두둔하는 관점에서 사건에 접근하고, 그 사건을 해석하는 자료라고 할 수 없을 것임에도 불구하고, 제시된 자료는 많은 시사점을 준다고 할 수 있을 것이다.

[11] 아웅 산 묘역 폭탄 테러 사건 관련 자료의 표지

문서번호: 마이크로필름(Microfilm) 롤(Roll) 번호: 53703.
프레임(Frame) 번호: 2008 0000 2136 - 2008 0000 2137[58]
수　　신: 주(駐) 북한 헝가리 대사관, 평양.
발　　신: 헝가리 인민공화국 외무성 제4 지역국. 부다페스트, 1985년 3월 8일.
기밀등급: 1급 기밀

제목: 북한-버마 관계

대사 동지와 외교관 동료에 대한 안내로.

북한의 베이징 대사관의 1등 서기관(KNDK pekingi nagykövetségének
első beosztottja)은 북한-버마 관계에 대해 언급하며 '베이징의 외교
단체에 널리 퍼진 소문들(pekingi DT-ben elterjedt hírek)'을 반박했는
데(cáfolta), 이 소문들에 따르면 북한은 북한과 버마 사이의 관계 회
복(kapcsolatok helyreállítása)을 위하여 중국 측에 중재를 요청했다
(Kínát közvetítésre kérték fel)는 것임.

북한 외교관들은 랑군(Rangoon, 랑군 정부)이 "폭발 사건이 발생했
을 때 그 이후 북한과 외교관계를 단절한 것은 완전히 근거 없이 이
루어진 것(teljesen alaptalanul járt el, amikor a robbantási incidens után
megszakította a kapcsolatokat a KNDK-val)"이라고 강조하며, 그들은
조목조목 짚으며 말하길, 평양은 변함없이 버마 민족과의 친선을 높

---

58) 거의 동일한 내용의 3월 11일자 작성 문서가 있지만(마이크로필름 롤 번호: 53703, 프
레임 번호: 2008 0000 2140), 본문에서는 3월 8일자로 작성한 문서를 소개하고자 한다.

이 평가하고, 버마와 정상적인 외교적 관계 복원(diplomáciai érintkezés helyreállítása)을 매우 중요하게 여긴다고 함. 베이징의 버마 대사관과 대화 창구를 가질 수 있도록 다시금 시도했으나, 이에 대해 버마의 외교관들은 지금까지 그들(북한)의 접근을 회피했음(közeledésük elől kitértek). 이 때문에 북한은 '중국에게 중재를 부탁하는 것이 아직 시간적으로 이르다고 생각'('korainak látja az időt ahhoz, hogy kínai közvetítést kérjen')함.

이에 앞서 버마 측으로부터, 그들도 화해(kibékülés)에 관심이 있다고 하는 징후를 받는 것이 필요할 것임.

부다페스트, 1985년 3월 8일

서명

/에뜨레 샨도르(Etre Sándor)/

부국장(főosztályvezető-helyettes)

문서번호: 마이크로필름(Microfilm) 롤(Roll) 번호: 53703.
　　　　　프레임(Frame) 번호: 2008 0000 0627 - 2008 0000 0630
발　　　신: 주(駐) 인도 헝가리 대사관. 뉴델리, 1983년 11월 26일.
기밀등급: 1급 기밀

제목: 남한 정부 방문단의 버마 사고에 대한 인도의 반향

　전(全, Chun) 대통령이 이끄는 남한 정부 사절단에 대하여 10월 9일 랑군에서 범한 공격은 인도에서 큰 반향(反響, nagy visszhang)을 불러 일으켰음.
　1) 인도는 조선민주주의인민공화국과도, 소위 대한민국과도 모두 공식적인 외교관계를 유지하고 있으며, 그들과 광범위한 국가 간 관계를 형성하고 있음.
　현존하는 관점의 차이에도 불구하고 정치적인 면에서 인도는 북한과 더 밀접하며, 양국은 비동맹국가운동의 회원국(tagja az el nem kötelezett országok mozgalmának)임. 하지만 경제적인 면에서(gazdasági téren)는 남한과 훨씬 더 중요하고 유익한 관계들(fontosabb és előnyösebb kapcsolatok)을 유지하고 있음.
　우리의 정보에 따르면, 인도 정부는 전(全) 대통령이 이끄는 정부 사절단이 계획한 인도 방문을 아주 중요한 것으로 인지하고 있었고 (nagy jelentőséget tulajdonított), 정성을 들여 이를 준비했음(gondosan készült arra). 예를 들면, 인디라 간디 수상(I. Gandhi miniszterelnök)은 방문에 앞서, 그리고 계획된 방문 기간 동안 정부 각료들 및 고위 정부 공무원들에게 해외여행을 허가하지 않았음(nem engedélyezte

kormánytagok és magasabb beosztású kormányhivatalnokok külföldi utazását). 남한 대사는 친선 국가의 대사들에게 말하길, 양국 사이의 무역과 경제 협력의 총액에 대한 전망치를 5-6억 달러 수준으로 높이기 위해(kereskedelmi és gazdasági együttműködés volumenét perspektivában 5-600 milló dolláros szintre emelje), (남한) 사절단이 인도를 방문하게 되었다고 함.

10월 9일의 공격 때문에 남한 사절단이 인도 방문을 취소한 것은 인도 정부에게 불리하게 작용했음(kedvezőtlenül érintette).

수상과 외무상 모두는 경악스러운 것으로 이를 언급했으며(megdöbbenésének adott hangot), 조의를 표했음. 하지만 공식적인 정계 및 (기관의 공적) 언론도 사건의 원인과 배경에 대해서는 어떠한 논평을 하지 않음.

2) 반면 암살과 관련해서는 북한의 책임을 규정했으며(KNDK felelősségét állapította), 북한과 외교 관계 철폐를 선언한 버마 정부(bejelentette, hogy a burmai kormány megszakítja a diplomáciai kapcsolatot a KNDK-val)의 11월 4일 성명을 알리고, 인도의 (대중) 언론과 대중 여론은 아주 격렬하게, 그리고 거의 예외 없이 반(反) 북한 정서의 날을 세워 반응함(Igen élesen és csaknem kivétel nélkül KNDK-ellenes éllel reagált).

사회주의 국가들에 대해 우호적인 사업가들, 민간 신문기자들은 버마 정부의 성명 내용들에 대해 인정을 할 수밖에 없었으며(kénytelenek hitelt adni a burmai kormány nyilatkozatában foglaltaknak), 한편으로는 버마가 북한과 지금까지 특별히 좋은 관계를 유지했다는 점과, 다른

○ ○ ○ ○ ○ ○ ○ ○ ○ ○ ○ ○

한편으로는 버마의 지도자들이 국제적인 문제에 대해 전통적으로 아주 조심스럽고, 자제하는 경향으로 입장을 밝혀 왔기에, 이 때문에 버마 정부 성명의 내용들이 사실과 부합하지 않는다는 가능성은 없음(kizárt, hogy a burmai kormánynyilatkozatban foglaltak nem felelnének meg a valóságnak). 이 그룹들은 자본주의 외교관들이 매우 의식적으로 인도의 파트너들에 대해 이 사건을 소위 비행기 사건(un. repülőgép ügy)[59]과 함께 사회주의 국가들과 일반적으로 사회주의 체제를 깎아내리는데(lejáratására) 이용하고 있다고 말함.

인도의 민간 언론은 강한 어조의 기사에서 북한의 지도부를 비판했음(bírálta a KNDK vezetését). 북한의 지도부는 '문명사회에서 보편적으로 수용되고 있는 기준(a civilizáltság általánosan elfogadott normáit)'을 훼손했고, '국제적 범죄집단 수준으로 추락(nemzetközi bandita szintjére süllyedt)'했으며, 암살(merénylet)에 대해서는 "비열한 살인이었다(aljas gyilkosság volt)" 등의 의견들을 쏟아냈으며, 오직 북한 정부만이 이 사건의 패배자(vesztes)일 뿐인데, 그 이유는 하나의 좋은 친선국가(baráti ország)를 잃었기 때문이고, 자신들에 반대하는 전 세계의 비판(egész világ elítélése)을 불러 일으켰기 때문임. 많은 기사들은, 예를 들자면, 1972년 스리랑카(Sri Lanka)에서와 1979년 인도의 나갈랜드(Nagaland)에서처럼, 북한의 지도부가 종종 '국제 테러리즘'의 수단('nemzetközi terrorizmus' eszköze)에 의지한다고 주장함.

버마의 '진상규명(leleplezés)'과 관련하여 공식적인 인도의 성명

---

[59] 1983년 9월 1일에 소련 연방 사할린 상공에서 발생한 대한항공 보잉 747기의 격추 사건을 가리킨다.

(havatalos indiai megnyilatkozás)이 발표되지 않았다는 점은 주목할 만함(figyelemre méltó).

북한 정부의 11월 5일 성명은 오로지 인도공산당(IKP(M))만이 다루었으며, 인도공산당의 중앙 기관지(IKP központi orgánuma)가 이를 알림.

3) 다수의 영자지(英字紙, angol nyelvű lap)가 한반도에서 일어나는 상황에 대해 장문의 분석을 하며, 그것에 기초하여 암살의 배경과 목적을(merénylet hátterét, céljait) 밝혀내고자 시도함.

북한 지도부가 남한과의 전쟁을 획책하고자(háborút provokáljanak ki) 노력하지는 않을 것이라고 보는 의견은 일치되는 것(egyöntetű az a vélemény)인데, 그 이유는 북한이 이에 대해서 중국으로부터도, 소련으로부터도 지지와 지원을 받지 못하기(nem kaptak biztatást, és nem kapnának tőlük támogatást) 때문임.

북한 지도부의 첫 번째 목적은 한편으로는, 만약 (해외 국가들이) 남한과의 관계를 발전시킨다면 불편한 사건들이 자신들에게도 일어날 수 있음을 잠재적인 대상 국가들을 대상으로 한 경고에 상응하는 것을 전하며, 빠르게 확장되는 소위 한국의 국제 관계 발전 과정을 방해하고자 하는 것(megzavarni az un. Koreai Köztársaság gyorsan szélesedő nemzetközi kapcsolatai fejlődésének folyamatát)이고, 다른 한편으로는 전두환 체제의 동요 및 (전두환 체제에 대해) 평양은(김일성 체제는) 자신의 구상에 따라 실제적으로 양국의 통일 회담을 가능하게 하는 그런 정부로의 교체(felváltás)임.

분석들에 따르면 북한의 지도부가 이 행위를 통해 그 어떠한 목적에라도 가까이 도달했다고 보기는 어려움. 반면 북한의 현재 복잡한 내정 상황 때문에(KNDK mostani bonyolult belpolitikai helyzete miatt), 북한 지도부 측으로부터 더 많은 예측 불가능한 조치들도 감안해야 함(több kiszámíthatatlan lépésre kell számítani).

4) 이 사건의 실제적인 배경과 상관 없이 인도 정부와 대중여론의 분위기는 북한에는 불리하게, 남한에는 유리하게(KNDK rovására és Dél-Korea javára) 변하였음. 인도 정부는 전통적으로 조심스럽고 균형된 정책 노선(hagyományosan óvatos, egyensúlyozó politikai vonalát)을 추구하며, 물론 대(對) 북한, 그리고 소위 대(對) 한국의 핵심적인 태도와 정책을 수정하지는 않았지만(KNDK, sem az un. Koreai Köztársaság irányában nem módosította lényegesen magatartását, politikáját), 북한과 유지해 온 관계가 당분간은 급랭할 것(átmenetileg hűvösebbé)으로 봐야 할 것임.

서명
/뚜리 페렌쯔 박사(Dr. Turi Ferenc)/
대사(nagykövet)

문서번호: 마이크로필름(Microfilm) 롤(Roll) 번호: 53703.
　　　　　프레임(Frame) 번호: 2008 0000 0631 - 2008 0000 0637
발　　신: 주(駐) 일본 헝가리 대사관. 도쿄, 1983년 12월 10일.
작 성 자: 로너 이슈뜨반(Róna István)
기밀등급: 1급 기밀

제목: 랑군 암살과 관련된 도쿄의 정보와 추론

　1983년 10월 25일에, 다른 루트를 통한 전문(電文)에서(másutas távirat)
보고한 바와 같이, 세인 이(Sein Yi) 버마 참사관(參事官, burmai
tanácsos)은 개인적인 대화 중, 랑군에서 남한 대통령 수행원들에 대
해서 저질러진 암살의 배후에는(merénylet mögött) 상당한 가능성으
로 남한의 테러리스트들이 있다(nagy valószínűséggel délkoreai terroristák
állnak)고 함. 이 정보를 본부로부터(központjától) 받았다고 덧붙였음.
북한을 사건의 책임당사자로 규정했던 버마 정부의 11월 4일 발표에
대해 이 사건의 철저한 분석(esemény mélyrehatóbb elemzése)을 여기
현지 정치권, 외교권와 언론권에서 시행했음. 일본 정부는—미국과
남한 측에 동참하여(csatlakozva az Egyesült Államokhoz és Dél-Koreához)
—즉시 나열한 '증거들(bizonyítékok)'을 수용(elfogad)했으며, 북한에
대한 다음과 같은 제재(szanció)를 발표함. 일본인들의 북한 여행 금
지, 북한 국가 공무원(állami hivatalnok)들의 일본 입국 금지, 기타 (북
한인) 여행자들 또한 엄격하게 심사(szigorúbban ellenőrzik), 양국 사이
의 항공 운항 중단. 여기에는 제3국의 항공기(harmadik ország légijáratai)
에 대해서도 예외 없음. 나카소네 수상(Nakaszone miniszterelnök)은

○ ○ ○ ○ ○ ○ ○ ○ ○ ○ ○ ○

게다가 교역량 축소(kereskedelmi forgalom csökkentése)까지 염두에 두고 있었으나(kilátásba helyezte), 이는 관련 민간 업체들의 반발(érdekelt magáncégek vonakodása)로 유보되었음.

정부의 명료한 입장에 반(反)하여, 일련의 정치인들, 외교관들, 그리고 언론은 조건부로(fenntartással) 버마 정부 조사의 결과를 받아들임.

재일본조선인총연합회 대외 사무국 부국장인 백한기(Paik Han Ki, a Japánban élő koreaiak szövetsége külügyi irodájának igazgatóhelyettese)는 아래와 같이 제기되는 의문들을 요약했음.

- 헌화에 대한 행사는 남한 대통령의 요청이 그 이유였음. (A délkoreai elnök késésének oka a koszorúzásról)
- 폭발이 어디서 발생했는지도 모르는 상태에서 폭발 소리를 듣고 대통령은 왜 곧장 차를 숙소로 되돌렸는지? (A robbanás hallatán az elnök miért hajtatott azonnal vissza szálláshelyére, amikor azt sem tudhatta, hol történt a robbanás?)
- 대사는 왜 늦었으며, 왜 그의 차량은 고요한 묘지 주변에서 나팔 소리를 내었는지? (Miért késett a nagykövet és miért adott gépkocsija kürt-jelzést a temető csendjében?)
- 대통령이 도착하기 20일 전에 300명의 안전 요원들이 랑군에 도착했으며, 헌화 장소에 대해—버마의 안전 요원들과 함께—행사

를 앞두고 4시간 전에 모든 것을 점검했음. (A 300 biztonsági tiszt az elnök előtt húsz nappal érkezett Rangunba, mindent ellenőriztek, a koszorúzás helyét - burmai biztonsági tisztekkel együtt - négy órával a ceremónia előtt)

- 대통령의 경호 책임자들에게 책임을 묻지 않았음. (Az elnök biztonsági főnökeit nem vonták felelősségre)

(백한기) 부(副)국장(igazgatóhelyettes)은 상기한 것들 외에도 다수의, 반(反) 북한 비난을 부정하는 사실들(KNDK elleni vádakat cáfoló tény)에 대해 나열했으며, 그 중의 대부분은 남한 담당자들을 사건의 책임자로 방향 지어진 것들(azok nagy része arra irányult, hogy a délkoreai illetékeseket tegye felelőssé az incidensért)임.

백한기의 분석: 암살은 남한 대통령의 인지 하에(délkoreai elnök tudtával) 계획되었으며(szervezték), '증거들(bizonyítékok)'은 미리 준비되었던 것들임. 그렇지 않고는 발생한 것들에 따라 작전을 진행시킬 수 없었을 것임(Másként az akciót nem lehetett volna a történtek szerint lebonyolítani). 대통령의 행사는 공개되지 않았으며(nem hozták nyilvánosságra), 헌화 시간을 마지막 순간에 변경했고(utolsó pillanatban megváltoztatták), 따라서 이 사건을 조직한 자들은 외부인들이 접근하지 못하는(kívülállók részére nem hozzáférhető) 그러한 정보를 가지고 있어야만 했음. 이 경우 암살의 목적은 북한을 책임 지우는 것(felelőssé tenni a KNDK-t)/암살 후, 최소한의 증거도 없이, 전두환은 북한을 비난했음!/, 모든 대화(회담)의 가능성을 방해하는 것(megakadályozni minden tárgyalási lehetőséget), 북한의 명예를 실추시키는 것(lejáratni a demokratikus Koreát), 남한에 대해 동정심을 유발시키는 것(szimpátiát ébreszteni Dél-Korea iránt), 그리고 빼놓을 수 없는 것(nem utolsó sorban)은 미국이 남한에서 방어력 증강을 높이고자 하는 정권의 요구를 뒷받침하는 것(alátámasztani a rezsim azon kérését, hogy az Egyesült Államok fokozza védelmi ereje fejlesztését Dél-Koreában)임.

반면, (버마가 아닌 태국의) 방콕에 있는 버마의 야권 단체(burmai ellenzéki csoport)는 암살을 내부의 반정부 버마 세력(belső kormányellenes burmai erők)이 저지른 것으로 가정함.

일본의 전(前) 버마 대사였던 마사타다 타치바나(Masatada Tachibana)는 전언하길, 이 암살이 어떻게 발생할 수 있었는지, 상상하기 어려운 것이라고 할 수 있는데, 버마는 아주 훌륭한 감독과 보호 하에 있는 사회(igen jól ellenörzött és őrzött a társadalom)이자, 그 엄격함(szigorúság)은 테러에 대해 많은 여지를 제공하지 않기(nem sok teret enged a terrorizmusnak) 때문임. 내부적인 반정부 운동들을 상대하는 (진압하는) 기동대(belső kormányellenes mozgalmakkal szembeni készültség)는 이러한 (테러) 행위들을 어렵게 함.

일본 사회당의 참의원 의원(Japán Szocialista Párt felsőházi képviselője)인 히데유키 세야(Hideyuki Seya)는 랑군의 순교자들의 영묘(Mártirok Mauzoleum)를 알고 있으며, 언론에 공개한 성명서에서, 그곳에는 외부인이 아무런 인지 없이 들어갈 수 없고(kívülálló észrevétlenül bejutni nem tud), 기둥이 받치고 있는 건물의 천장에(oszlopokon nyugvó építmény mennyezetén) 어떤 것이라도 장치해 두는 것은 경비원들의 인지 없이는 불가능하다(őrök tudta nélkül nem lehet)고 함.

일본 사회당은 북한에 대해 나열된 증거들이 충분하다고 생각하지 않으며(nem tartja elegendőnek), 인민민주주의 국가의 정부(népidemokratikus ország kormánya)가 이러한 행위를 조직했으리라고는 상상하기 어렵다(nem tartja elképzelhetőnek)고 여김. 당의 전(前) 의장이었던 아스카타(Aszukata)에 따르면, 만약 그 테러리스트들이 북한에서 왔다고 하더라도(ha a terroristák Északról jöttek is), 그것은 공식적으로 범죄를 위임 받은 자들(hivatalos megbízottak)이 아니라, 개인적인 범죄자들에 불과할 가능성(egyéni bűnözők lehetek)이 있다고 함. 동시에 집행 위원회(Végrehajtó Bizottság)의 발언에 따르면, 이시바시(Ishibashi) 의장은 당분간 조선로동당의 초청에 응하지 않을 것(egyelőre nem tesz eleget a Koreai Munkapárt meghívásának)이라고 함.

일본 공산당의 타치키(Tachiki) 국제국(nemzetközi főosztály) 국장의 발언에 따르면, 버마의 발표 이후 아직 그 사건에 대한 판단을 거론할 수 없다(még nem lehet ítéletet mondani az ügyben)고 함. 분명하게 얘기할 수 있는 하나는, 당은 그 테러를 비난한다는 것(párt elítéli a terrorizmust)임.

버마의 비교적 빠르고, 특히나 단호한 결정에 대해 베디 조긴더 싱(Bedi Joginder Singh) 인도 참사관(indiai tanácsos)은 두 가지 중요한 상황으로 이를 설명함. 그 하나로서 버마 측은 초청국의 입장에서 모든 개인을 위협하는 위험을 제거하며, 대통령의 신체적 안전을 보장

해야 했었기 때문에, 우선 암살의 책임자를 찾아야만 했었음(felelőst kellett találnia a merényletért). 버마의 입장으로는 따라서 최대한 빠르고 최소한의 체면 손상으로 사건을 벗어나고자(minél gyorsabban és minél kisebb presztizs veszteséggel túljutni az incidensen) 하는 이해할 만한 노력을 한 것(érthetően igyekeztek)임.

다른 동기(motívum)는 버마의 경제가 급속히 하강 곡선을 그리며 (erősen lefelé ívelő szakaszba került), 그렇지 않아도 경제의 지속적인 하강을 저지하기 위한 정부의 절대적 관심은 많은 내부적인 공격 (sok belső támadás)에 노출되어 있었음. 지난 10년간 형성된 북한과의 정치 및 경제적 관계들이, 원조 제공이 가능하고 그럴 의향이 있는 선진 자본주의 국가들(segítségadásra képes és hajlandó fejlett tőkés országok)에게 (버마와 경제적 관계를 가지기 위해서는 하나의) '위협 (elriasztották)'이었음. 서방의 세계들도 인정한(elismert) 버마의 중립적 외교(semleges külpolitikájuk)는 이러한 종류의 신뢰를 얻기에는 불충분한 것(nem volt elegendő)이었음. 버마는 지난 수년간 이를 주시하면서 서방 세계에, 우선 일본, 미국, 그리고 남한을 향해 문호를 개방했으며(nyitott a nyugat, elsősorban Japán, USA és Dél-Korea felé), 반면 이는 북한의 입장으로서는 더욱 눈살을 찌푸리게 되는 것 (szemrehányás)이었음. 이를 토대로 이전의 파트너(북한)는 버마의 구상에 따른 발전의 장애물이 되었음(burmai elképzelések szerinti fejlődés akadályává vált). 암살은 이러한 부담으로 벗어나기 위한 좋은 기회였음(A merénylet jó alkalom volt megszabadulni ettől a tehertől). /친선 국가의 외교관들에 따르면 버마의 발표문에서 "북한을 인정하지 않는다(nem ismerik el a KNDK-t)"고 강조한 이유는 북한 투자의 많은 부분에 대한 (분할)상환도 지연 시킬 수 있기 때문(koreai beruházások jórészének törlesztését is elodázhatják)임./

일본은 준비된 상태에서(felkészülten) 버마 정부의 11월 4일자 발표를 기다렸음. 11월 6일에는 정부가 버마에게 제공할 지원 총액의 상향, 엔(Yen)화를 베이스로 한 차관 증액(yen alapú hitel növelése)과 수입할 쌀의 양(importálandó rizs mennyisége)을 검토했음. 일본 내각(japán kabinet)은 버마가 북한과 관계를 단절했다는 것을 근거로 북한이 개시한 모든 투자의 종료에 대해 (버마 측에) 차관을 제공하며, 국제수지 개선에 대해 원조를 하고(segélyt nyújt a fizetési mérleg javításához), 버마의 체화(滯貨, elfekvő)된 쌀 재고(készlet)를 구매함(felvásárolja).

서명
/써르꺼 까로이(Szarka Károly)/
대사(nagykövet)

ㄱ

ㄴ

❖ 김보국

한국외국어대학교 헝가리어과 졸업
한국외국어대학교 일반대학원 동유럽어문학과 졸업
헝가리 데브레쩬 소재 데브레쩬대학교 수학
헝가리 부다페스트 소재 외트뵈시 로란드 대학교에서 박사학위 취득(헝가리 현대문학)

(전) 헝가리 부다페스트 소재 외트뵈시 로란드 대학교 한국학과 전임강사
(전) 영국 글래스고대학교 러시아 & 중동부유럽학 연구소 Visiting Scholar
(전) 성균관대학교 성균중국연구소 박사 후 연구원
(현) 서울대학교, 한국외국어대학교 강사
(현) 성균관대학교 대동문화연구원 수석연구원

「에지뻬르쩨쉬 단편집(*Egyperces Novellák*)의 번역관련 문제와 대안적인 번역 방법에 대한 연구」,
「문학작품 번역에 있어서 메타번역의 가능성 연구」 등 다수의 문학 관련 논문과 「탈북 디아스포라 발생의
새로운 시기: 구 사회주의 권역에서 1950년대~1960년대의 상황」, "The Development of Diplomatic
Relationship between South Korea and Hungary: A Survey of the Diplomatic Documents of
the Two Countries" 등 다수의 헝가리 문서보관소 소장 남북한 자료 관련 논문 게재.

조세희 소설, 『난장이가 쏘아 올린 작은 공』 헝가리어 번역, 한강 소설, 『채식주의자』 헝가리어 번역, 나더
쉬 뻬떼르(Nádas Péter) 소설, 『세렐렘(Szerelem)』 한국어 번역, 『Metaegyperces』, 『남북한 관련 헝
가리 외무부 기밀 외교문서 목록집 (1945-1993)』, 『헝가리 외교문서로 본 북한의 문예』 등 다수의 저서,
역서 출판(헝가리어, 한국어).